异常的正常家庭

UNUSUAL USUAL FAMILY

[韩] 金熹暻◎著　章科佳◎译

人民东方出版传媒
People's Oriental Publishing & Media

东方出版社
The Oriental Press

你的孩子，其实不是你的孩子，
他们是生命对于自身渴望而诞生的孩子。

——纪伯伦

前言

小小的身躯，大大的权利

"对待儿童的方式，最能体现一个社会的灵魂。"

2014年3月的某天，偶然接触到纳尔逊·曼德拉（Nelson Mandela）的这句名言。当时，我刚完成蔚山虐童致死事件的调查报告，正要着手调查韩籍儿童在美国遭养父虐死的事件。

在这之前，本人一直负责救助儿童会权利维护部的工作，这是该国际儿童救助发展组织在2010年10月新设的部门。虽说有很多社会福利组织帮助处于困境的儿童，但是旨在改善国内儿童人权制度与认知而设立倡导部门尚属首次。

然而，新鲜劲头没持续多久，我就经常陷入混乱之中：明明各种儿童受虐事件层出不穷，为什么大家还是各自为战，没能形成儿童人权这样的社会议题？关注虐童问题的社会团体对被国外公民收养的韩国儿童的死亡事件置若罔闻，而关注韩国儿童问题的社会团体对外籍劳工、难民申请者的子女所遭受的歧视又表现得消极懈怠，这恐怕是因为我们更容易把这些儿童的痛苦看作福利问题，而不是人权问题。

各种支离破碎的事件不断地浮现在眼前，我的疑惑也越来越深，这时候我突然在某篇联合国机构的文书中读到了曼德拉的这句话，心中顿时豁然开朗。我们要更深入地了解对女性的暴力，就要从整体上考察女性在家庭、职场、街头等场所所遭受的暴力和歧视，儿童的问题同样如此。虐待、涉外送养、过多的课外补习及移居儿童等，儿童人权被侵害的广度和深度要比我们想象的大得多、严重得多。当我们不再孤立地看待这些事件，而是把它们联系起来看作一个整体时，从中体现出的我们社会的灵魂又是什么样子的？只有我们看到了整体，事情的轮廓才会变得清晰。也是从那时候开始，作为参与者，同时也作为观察者，对自己所接触的"事件"，我都努力地想揭开它们的内幕。

在那里工作的六年多时间里，我接触了各种儿童受虐事件，从中确认了韩国社会暴力性的真面目，并深感遗憾。而这种暴力在对孩子们成长来说最重要的家庭中就存在了。在追溯被虐致死儿童的成长轨迹，还原事件真相的过程中，我真切地感受到大部分虐童事件始于家庭内部的体罚，同时我也了解到，韩国的父母可以任意操控子女，韩国人对亲权的重视在所有发达国家中独树一帜；而在儿童保护和养育领域，所谓的公权力如此缺失，也世所罕见。

之后，我又接触到一些被收养至海外的儿童被虐死的事件，以及未婚妈妈及其子女的人权、对移居儿童歧视的问题等，我目睹了制度上和社会上对"正常家庭"以外的妈妈和儿童的歧视有多么严重。至少通过我经历的这些事件，以及这些事件中儿童所遭受的待遇来看，韩国社会的灵魂正因为欺压和歧视而变得扭曲。我的意思是，从所有人"最初的社会化机构"，也就是从对处于人生初期的儿童至关重要的家庭开始，就已经发生扭曲了。

现在的状况也没有发生大的改变。以下仅是与儿童有关的几份统计资料，以供参考。

2016 年韩国的新生儿数量创下有统计数字以来新低，而同年的弃婴有 302 名，被收养至国外的儿童有 334 名，差不多每天都会有 1 名弃婴和 1 名儿童被收养至国外。如果我们不把对象局限在婴幼儿，而是扩大到未满 18 岁的儿童，那么遭父母抛弃而被送往社会救助机构、寄养家庭的人多达 4 503 名，平均每天超过 12 名。同年被虐致死的儿童平均每月 3 名左右，而虐童成立的判决平均每天 51 例，而且 80% 的案件发生在家里。同期韩国儿童课外补习支出又创了历史新高。韩国男性在家和子女相处的时间平均每天只有 6 分钟，而休产假的女性有 43% 在复工后的一年内辞职。（韩国）统计厅发布的"韩国人生活质量综合指数"显示，2015 年的数据同 10 年前相比，唯一倒退的领域就是"家庭共同体"。

光看这些统计数据，我们就会发现韩国真是一个奇怪的国家。出生的孩子越来越少，面临"绝种"危机的局势下，为什么有人还会尽快扔掉孩子或是将孩子送去国外收养？为什么虐童、虐童致死，以及家庭内的虐童现象没有减少？明明孩子少了，为什么课外补习班依然发展得如火如荼，相关教育支出持续增加，孩子们的游戏和睡眠时间被大量挤占？为什么养育孩子依旧只是妈妈的责任？职业女性为什么必须经历"丧偶式育儿"的痛苦，而且最终还要放弃工作？这些复杂的问题之间真的毫无联系吗？

我认为，所有问题都可以用一个词联系起来，那就是

"家庭"。"所有的社会问题都是家庭问题"，这句话用来形容韩国再贴切不过了。

当前，我们社会中本应由公共承担的部分转嫁给了家庭，而激烈的社会竞争几乎让每个家庭都处于全面战争状态。这样每个家庭都信奉极端的家庭主义，将家庭中最弱小的个体——孩子——当作自己的所有物任意控制，而孩子们的自主意识则被粗暴地忽略了。不知不觉间，对家庭外人物的排斥也变得常态化。而在这个过程中，国家却悄然失声，无所作为，任由各个家庭"自谋生路"。

随着离婚率不断上升，生育率不断走低，很多人担忧家庭会解体，但我认为以家长制为核心的顽固家庭主义才是更大的问题。如今家庭的形态已然发生剧变，但家庭主义，以及在此基础上建立的"正常家庭"观念，却依然深植于人们的意识和制度之中。

所谓"正常家庭"观念，就是指将婚姻制度框架内由父母和子女组成的核心家庭视为理想家庭形态的社会文化心理和思维方式。对外，它将其他家庭形态视为"不正常"；对内，家长制的等级权威支配着整个家庭。人们对所谓的正常性的过度强调，导致家庭沦为一个压迫和歧视的空间。

过去，很多人从女性主义的立场批判家庭主义与"正常家庭"观念。而事实上，随着韩国社会主要家庭形式的变化，标准的四人家庭越来越少，家长制的等级秩序逐步瓦解，女性歧视问题也越来越少，尽管这一过程非常缓慢。

然而对于孩子，特别是必须在经济上、情感上依赖父母的孩子来说，家庭主义和"正常家庭"观念依旧发挥着巨大的影响。

在"正常家庭"内，父母对孩子的压迫并不亚于对女性的性别歧视。他们行使所谓的"父母"的权力，将子女视为所有物，发挥绝对的影响力，并想通过子女来证明自己的人生。而在"正常家庭"之外，那些被视为来自"不正常家庭"的孩子，则很容易受到歧视，甚至是受到生命威胁。

撰写此书，就是希望大家把目光聚焦在家庭内最脆弱的成员——孩子身上，审视韩国的家庭及家庭主义所造成的问题。

就字面上来看，孩子指的是"小人儿"。他们只是比较小，其余与成人无异。他们只是一群柔弱的生命，来到这个世界与本人的意志无关，同样必须战胜不安，只是造成他们不安的因素与成人不一样而已。倘若一个社会中处于最弱势地位的人能够展现这个社会的发展水平，那么，只有将孩子置于中心地位，我们才能更清晰地审视家庭这个最小的社会单位。然而，讨论家庭话题的书几乎清一色地只谈论成人问题，鲜有谈及孩子。

恳请各位读者能够通过阅读本书，再次思考一下家庭内外对待孩子的方式所展现出的社会普遍观念，包括人性、道德、秩序、个人与共同体等。在以孩子为中心的众多议题中，本书主要通过各种类型的暴力来检视家庭问题。一方面这受限于本人的工作经历；另一方面，暴力也是最能展现歧视程度与侵害他人自主性的主题。

开始提笔撰写本书时，正值无数韩国国民不畏严寒，手持蜡烛，在广场践行民主主义。① 大家虽然呼喊着整齐划一的口号，但个体在集体面前也丝毫不怯懦，大家求同存异，维持松散的连接，在广场上和平共存，这似乎正预告着"新市民的诞生"。那些口口声声要完成"振兴民族历史使命"的民族主义亡灵，是否会随着总统被弹劾而消失呢？那些因压缩式的现代化进程而付出的惨重代价——各个家庭被迫自谋出

---

① 2016 年，韩国国民为罢免时任总统朴槿惠，在光华门广场附近进行烛光游行示威。——译者注

路，从中滋生的家庭主义又束缚家庭成员，是否有一天也会成为历史呢？

期望人的个性最先被父母或养育者认同，而人权的两大支柱——"自主"和"同理心"——能够在这种关系中扎根生长，将孩子视为所有物的行为及歧视"正常"范畴之外者的态度能够消失；抑或期望所有孩子都能成为独立自主的个体，成为具有同理心的公民，这些期望又是否过于理想主义？

在新的气象与过去的记忆交织碰撞之时，倘若希冀广场上的热情能够转化为民主主义，那么我们不仅需要对权力与制度进行大刀阔斧的改革，还要在日常生活中实现民主化——摒弃等级秩序，尊重每个人的个性，培养同理心等。日常生活中的每一隅都必须有更广泛、更细微的民主主义扎根生长。从这个层面来看，1958 年纪念《世界人权宣言》颁布 10 周年时，埃莉诺·罗斯福（Eleanor Roosevelt）的演讲至今依旧能引发共鸣：

普遍的人权始于何处？始于细微之处，近在咫尺之处。那个地方离我们非常近，而其本身又非常小，所以在任何世界地图上都遍寻不着。尽管如此，它是每个人的世界……倘若大家都不从小地方努力守护人权，那么更大世界的发展也将成为空谈。

　　如果连家庭内最脆弱成员的最微小权利都无法保障，那么努力在更大的世界求得发展，终究不过是徒劳的。本书试图从儿童人权的观点出发，思考家庭与公权力之间的关系，仅希望能够启发大家从自己身边的小事做起，从小的改变做起。

　　众人拾柴火焰高，撰写本书也并非依赖一人之力。在此特别感谢曾在救助儿童会权利维护部工作及至今仍在那里工作的金恩静、金贤珠、徐如静、林世涡、齐忠满、刘熙正、金振、高宇贤、李夏铃、朴仙花、金仁英、吴仙英、柳贤等人。没有他们的努力，本书不会有机会付梓问世。

目 录

第 三 章

谁定义了正常和不正常家庭？
被塑造的信念——能信任的只有家人…145

结 语

勾勒自主的个人与开放的共同体…245

延伸阅读书单…257

第一章　家庭是一道护城墙？

家庭内，子女是我们的所有物

"你是我的"
——亲密关系中的暴力和体罚

2014 年春，韩国的蔚山和漆谷接连发生儿童受虐致死事件，舆论一片哗然；随后又发生"世越号"沉船事件，一时间，沉重的氛围笼罩韩国，韩国国会召开了主题为"政府制定的儿童虐待预防对策是否可行？"的研讨会，而我在其中担任主持工作。就在来自法务部的发言人发言结束，准备进入下一阶段议程时，他又补充说道：

"哦，对了，最后希望专家可以帮忙定义一下虐待与体罚的界限。之前在和检察官聊天时，他们经常提到，大部分父母在养育孩子时，都会打孩子一两次，包括我自己也是这样。要先分别划出体罚和虐待的范围，我们才能制定相应的法律去解决问题。难道不是吗？"

同时，我和在韩国《中央日报》社会部担任记者的后辈一起吃午餐，聊到从 2013 年年末开始，蔚山、漆谷接连发生的儿童受虐致死事件。我们一同声讨虐待有多残忍，接着讨论到 NGO（非政府组织）可以和媒体联手举办活动。这时我向后辈提议，干脆举办一次全面禁止一切形式体罚的活动。当时我正在整理蔚山儿童受虐致死事件的调查结果，深刻感受到有必要改变人们对父母体罚的基本认知。

可是，那位后辈记者却很不以为然："体罚？算了吧，我也打过孩子，那和虐待还有段距离吧？不要搞这种小打小闹的活动，我们还是举办以虐待为主题的活动吧。"

检察官与记者不经意间透露的只言片语，让我意识到许多善良的人总是很轻易地就把正常与不正常区分开了。他们认为"正常家庭"内允许的体罚和"不正常家庭"内发生的虐待，两者截然不同，区别就像正常与不正常一样明显，不易被人混淆。

相当多的人都具有这种思维方式，对此我总觉得哪里不对劲。我们不妨用女性所遭受的暴力来打个比方。最近，我们不再认为"性暴力虽然不对，但夫妻或男女朋友之间争吵时，打几个巴掌也是难免的"。很久之前，大家就已不再将性骚扰看作为了拉近职场关系所开的玩笑，而是将其纳入性暴力的范畴，并加以禁止。即便在现实生活中，性骚扰事件依然层出不穷，但大家也不会说，"大部分的公司都这样，所以无伤大雅"。可见社会认知有了很大的进步。

但当提及孩子时，情况就不同了。虽然大家都认为虐待是不对的，但养育孩子时家长很难不打孩子。大家都说："给孩子立规矩，体罚是在所难免的。""我也是这样被揍大的，现在不也很好吗？"许多人就像前面列举的检察官与记者一样，认为体罚和虐待完全不一样，两者之间泾渭分明。事实果真如此吗？为何我们会有这种想法？

一方面，想必没有人会认为虐待儿童是一件正常的事。每次发生骇人听闻的虐童事件时，我们都会异常地愤怒："怎么会有这种人面兽心的混蛋？"大家都把施暴者当成恶魔，是一种不正常的人，对他们恨得咬牙切齿。

另一方面，国家人权委员会发布的《2016 年国民人权意识调查》显示，约一半的韩国国民依然认为可以体罚儿童和青少年。我敢肯定，赞成体罚的那一半国民几乎都反对虐待儿童。很多人之所以会要求明确定义体罚与虐待，其原因就在于此。可是允许体罚的态度和虐待之间的距离究竟有多远呢？两者真的是距离十万八千里、截然不同吗？

　　大家可能还记得 2015 年年末发生在仁川的一个案件，一名 11 岁的小女孩为了摆脱父母的监禁与虐待，沿着天然气管道攀爬逃生。根据当时的报道，小女孩并非初次逃生，之前也曾经为了躲避家暴与饥饿而逃出家门，却被路人发现，路人将她送回家；她第二次攀爬天然气管道逃出时，又因超市老板报警而被发现。当警察询问她家地址时，她竟谎称自己是"从救助站里跑出来的"，生怕会再次被送回家。①

　　我们经常会责怪这个社会没有人情味，邻里之间冷漠无情。可路人会主动将衣衫不整的小女孩送回家，这就表示大家并没有对女孩的处境漠不关心。与其说他们是漠不关心，不如说他们认为父母打孩子的行为在所难免，所以才送女孩回家。

　　就在这名女孩的遭遇被曝光后不久，又有一位少女因周边人相似的行为而香消玉殒。这位年仅 12 岁的女孩因不堪忍受父母与姨母的家暴，跑去向自己上小学时的班主任求助，却被送回家里。后来女孩再次跑到班主任居住的小区，向素

---

① 洪申英，《虐待受害少女过去也曾试图逃生，亲父承认虐待》，韩国文化广播公司，2015 年 12 月 22 日。

昧平生的保安求助，保安报警后，女孩却被警察再次送回姨母家中。第二天，女孩被发现时已经死亡。[①]

再来看看 2013 年那起骇人听闻的漆谷虐童事件吧。就在孩子死亡前的一个月，舅舅看到孩子们身上的瘀青后报警。警察上门后，亲生父亲却辩称"是用雨伞阻止姐妹吵架时失手造成的"。警察当着父亲的面向孩子求证，看到孩子点头后便收队了。[②]那孩子先前曾向派出所报警，称遭继母施暴，但在其父亲接受调查时却又翻供了。在孩子身亡之前，学校、警察、地方政府、儿童保护机构、邻居等通过各种渠道得知受虐事实的成年人总共有 37 位，却没有一个人能阻止孩子的不幸。之前一直背负杀害妹妹罪名的姐姐，直到远离拥有监护权的父亲，并接受心理治疗后，才一五一十地道出继母的施暴行径。

2016 年年初的平泽虐童事件如出一辙。当时孩子所在的社区儿童中心怀疑孩子在家中有受虐待的情况，加上孩子长期未上学，因此和警察一同上门家访，但其亲生父亲与继母

---

① 周英民，《事件还原：虐死 12 岁女儿并抛尸，戴着牧师面具的恶魔》，News 1 新闻网站，2016 年 5 月 21 日。

② 申政原，《亲权的陷阱，受虐儿童的恐怖之"家"》，韩国纽西斯新闻社，2016 年 1 月 20 日。

态度冷淡："我的孩子我做主。""孩子好好的，你们这是来找事吗？"他们还要求警察"以后要是没有确凿的证据，不要过来随行家访"[①]。

在所有事件中，如果保安、警察、公务员及孩子的班主任等人认为殴打孩子是不该有的暴力行为——无论是父母、姨母或其他任何人，那么他们也不会把那些被逼到绝境，只能选择从家里逃走或报警求助的孩子送回家，或者前去调查却又半途而废了。我不禁心想，要是周边有人具备这样的基本认知，即"即便父母或养育者是出于管教的目的，但孩子终究不是他们的所有物，因此不可以打孩子"，或许就能阻止悲剧的发生。

人们和社会如果都认为父母或养育者是可以体罚孩子的，那么对虐待的敏感度就会降低。在整个社会充斥着允许体罚的氛围的前提下，我们还有根治虐童行为的办法吗？我敢断言，没有。在有大约一半社会成员可以接受在特定条件下对特定年龄层孩子使用暴力的社会里，被视为无关痛痒的体罚便会如毒蘑菇一般，终会发展成更趋严重的暴力——没有任何

[①] 郑惠京，《采访档案：7岁的元永留给世人的一封信》，株式会社 SBS，2016 年 3 月 14 日。

遏止的方法。

体罚与虐待之间的距离

从施虐者的实际行为来看，体罚和虐待的距离并不远。2014 年秋，蔚山发生了一名 7 岁的小女孩闹着要去郊游，结果惨遭继母凌虐致死的事件。之后也发生过许多类似事件，但这个案例的严重性在于，即便在儿童保护机构接到幼儿园老师的举报，并已经介入其中的情况下，人们依然未能挽回小女孩的生命。这样的儿童保护体系一定是出了什么问题，才没能阻止悲剧的发生。对此，政府应该认真地调查分析并加以改进，然而不管是现在还是当时，除了警方调查之外，政府并没有其他相关的行动。

政府的不作为是让民间团体和专家下决心自行调查问题的原因所在，他们组成了"蔚州①儿童虐待死亡事件真相调查及制度改善委员会"。当时的民主党议员南仁顺出任委员长，国会和民间合作调查这个事件，并将调查结果整理成《李书

---

① 蔚山广城市下属的郡，虐童案的具体发生地。——译者注

贤报告书》后公布。而我当时是该委员会的秘书长，负责现场调查和撰写报告。在调查事件的过程中，我深刻地感受到有一个迫在眉睫的问题亟须解决，如果无法解决这个问题，那么不管我们的儿童保护体系有多么完善，虐待现象都不会消失。这个问题就是体罚。

针对当时发现虐待事实并举报的幼儿园老师，以及儿童保护机构的协调员，孩子的继母和生父的表现恰如一个典型的施虐者——以退为进，步步紧逼。一天，生父给儿童保护机构打电话，分辩道："孩子是奶奶带大的，自由散漫，很没规矩，行为举止问题很多，我们才不得不打她。你养过孩子吗？有哪家的孩子不是这么长大的？"他还动怒道："家里（离婚后孩子由奶奶抚养，直到生父再婚，又将孩子带回自家管教）好不容易才走上正轨，又因为你们儿童保护机构出来管闲事，前面的努力又都白费了！"

为了教孩子规矩才打孩子，这是为了掩饰自己"蓄意"虐待，日后打断孩子肋骨而说的谎言吗？我并不认为是这样的。根据多位协调员的说法，没有任何虐待孩子的父母或监护人，一开始是抱着置孩子于死地或伤害孩子的目的的。李书贤的情况也是如此，一开始家长只是轻微地体罚，逐渐变本加厉，最后才演变为孩子肋骨断裂后插入肺中，终因出血过多而死亡。

为了管教孩子才打孩子，也成为最折磨协调员的辩解。每当协调员接到举报，前往现场进行调查时，他们会碰到不计其数的家长拒绝协调和调查——"我的孩子我自己会教，少多管闲事"。很多警察在接到虐待报警后，也并不以为意，觉得"父母总有这点权利吧"，调查也是草草了事。

然而，笔者通过这段时间众多的分析与研究发现，全世界大部分的虐童事件都是普通人一时体罚过度造成的偶发性事件，而非那些极度不正常的人蓄意使用暴力为之。

平时认为体罚无错的父母，在养育孩子时一旦压力过大，就很容易将体罚升级为虐待。相反，认为不能体罚的父母，即便养育压力过大，也不会出现虐待的情形。[①] 有研究结果表明，经常拿工具打孩子屁股的父母，他们虐童的可能性要比不打孩子的父母足足高出 9 倍。

现在仍有许多人认为体罚和虐待有天壤之别，也有人觉

---

　　① 朱莉·克劳奇，利亚·贝尔，《父母对体罚的看法，育儿的压力与虐待儿童可能性之间的关系》(Relationships among parental beliefs in corporal punishment, reported stress, and physical child abuse potential)，《虐待与忽视儿童》25，2001 年，第 413—419 页。

得令人发指的虐待和以管教为目的的体罚，二者之间并无关联。但血淋淋的事实告诉我们，这两者是"有关联的"。如果国家明令禁止体罚，那么虐待也会相应减少。在经济合作与发展组织（OECD）成员国中，法律明文规定禁止体罚的国家，每10万名孩子中受虐死亡人数不足0.5名，这一数字大大低于其他国家。与之形成鲜明对比的是，韩国法律未明令禁止体罚，每10万名孩子中就有1.16名孩子受虐而死，在29个成员国中位列第三。[①]

对成人施暴说"不"，而对儿童施暴就"准许"？

正如对儿童虐待和体罚区别看待一样，人们也经常将对儿童的暴力和对成人的暴力区分开来。2016年，京畿道家庭女性研究院曾以1 500名当地民众为对象，进行了一次"暴力允许态度"的调查。调查结果显示，98%的受访者认为"威胁要殴打对方的行为即为暴力"。但涉及亲子关系时，受访者的态度却截然不同：48.7%的受访者认可"为纠正子女的不

---

① 崔尚贤，《一半以上经济合作与发展组织成员国禁止家庭内儿童体罚，韩国的相关法律还在国会中沉睡》，《韩国先驱经济报》，2015年1月22日。截至2020年9月，此成员国已增至38个。

良习惯，父母可以揍打、威胁子女"；35.3% 的受访者认可"为教导子女礼仪，可以威胁孩子说要打他"；23.3% 的受访者认可"辅导孩子功课时，可以威胁孩子说要打他"。

由此可见，父母可视情况对子女施暴的观念依然根深蒂固。父母将子女视为所有物，因此父母只要认为有必要，就可以对他们施加暴力。即便体罚已然是一种对个体施行的殴打与暴行，这种观点也依旧在成人和父母的世界中大行其道。任何人都不能因爱之名，或为了纠正他人行为而大打出手。而孩子却在管教的名义下，成为唯一被允许施暴的群体。

支持体罚者认为，孩子必须严加管教，哪怕是棍棒相加。长期以来，他们的论调一贯如此：若是出于管教弱势人群的目的，暴力就可以正常化。然而，众多经验研究指出，体罚非但没有教育的效果，反而会使暴力内化（internalization），造成人格扭曲。对于孩子们来说，它带来的只有恐惧，而不是反省。

"内心受挫、恐惧、伤心、胆怯、孤单、悲伤、发脾气，感觉被抛弃、被忽视，发火、厌恶、恐怖、丢脸、悲惨、受到打击。"

这些是孩子对"体罚"的记忆，它们 2001 年由英国救助儿童会根据孩子对挨打的感受整理而成。尽管孩子使用了超过 40 个形容词来表达对体罚的可怕感受，但没有一个孩子说出抱歉或者反省的词语。这说明体罚不仅在教育上成效不明显，而且给孩子们造成了巨大的心理创伤。

父母的管教式体罚本意是好的，因此不会损害孩子健全的身体和生而为人的尊严——这仅是父母和成人的一厢情愿。人类学者金铉京曾在《人，场所，款待》一书中，针对"体罚到底教会孩子什么"这一问题做出以下分析。

体罚的理由五花八门，相应的管教也多种多样。但透过其表面的多样性，体罚始终传递出这样一个信息：体罚可以随时、重复进行。你的身体不完全属于你自己，我随时都能对你动手——一旦同意体罚，就代表你接受这样的逻辑；而这样我们也就能理解所谓的"侮辱悖论"：侮辱不仅否定他人的人格，还强迫对方同意这种否定。在受辱者同意的瞬间，侮辱不再只是侮辱，而是仪式的一部分，是秩序的一部分。最后，侮辱成为一种以否定他人人格为终极目标的暴力。

"我随时都能对你动手"，这和过去对女性施暴的逻辑如出一辙。包括体罚在内，在亲密关系中对他人反复施暴的行为，都传递出相同的信息，那就是："我随时都可以控制你"

的权威主义思想，"能够决定你存在的权力不在于你，而是在打你的我身上"的歪理，以及凭借暴力让对方闭嘴、否定对方，并将自己的思想灌输给对方的企图。

唯有打孩子，用严厉的方式加以管束，孩子才不会出现行为偏差并顺利长大——这种普遍观念并没有任何科学依据。不计其数的实证研究数据反而指向其对立面。体罚的正面效果只不过是一种信仰，而针对体罚具有负面影响的研究早已屡见不鲜，都称不上"争议"了。

2016 年，美国得克萨斯大学奥斯汀分校的发展心理学学者伊丽莎白·格尔沙霍夫（Elizabeth Gershoff）发表了几乎是该领域的终极研究成果。[1] 她运用元分析（meta-analysis）的统计方法，对近 50 年与体罚相关的数据进行分析，结果显示，受到体罚的孩子出现反社会性行为和攻击性行为的倾向很大。

在这项数据涉及 16.1 万余名孩童的研究中，研究团队将体罚定义为"用手心打孩子屁股或四肢的行为"，并对这种一般人不认为是虐待的体罚进行了研究，分析其所带来的影响。

---

[1]　伊丽莎白·T.格尔沙霍夫，安德鲁·格罗根－凯勒，《体罚与孩子的行为表现：旧的争议和新的统合分析》（*Spanking and Child Outcomes：Old Controversies and New Meta-Analyses*），《家庭心理学杂志》，2016 年。

结果显示，在反社会性、攻击性、认知障碍等 17 项负面行为中，受到体罚的孩子就表现出 13 种相关行为。许多人不认为体罚是"潜在虐待"，该研究以此为出发点并最后指出，体罚与身体虐待对孩子的伤害程度是相同的。体罚会对孩子的行为和发展造成负面影响，而且与父母起初希望借此达成的目标不具任何相关性。

对父母体罚子女熟视无睹，可每当幼托机构发生体罚事件时，各路媒体就蜂拥而上，口诛笔伐，这不禁让我百感交集。每每看到闻风而动的诸多虐童报道，我就觉得韩国社会对待相同的暴力行为不免有"双标"之嫌。

社会上认为幼托机构不得有任何体罚行为，因此不惜安装摄像头，也要监视是否有虐童行为，而从业者的人权则完全被置于脑后。大家明明对幼托机构从业者打小孩的行为如此敏感，为何又会认为父母的体罚无伤大雅呢？其实，幼托机构是被赋予父母资格、教养入学前孩童的地方，在禁止幼托教师的体罚行为之前，难道不该先讨论禁止父母体罚这个问题吗？

我们从对直系亲属之间暴行的处罚力度就可看出，韩国社会中的家庭主义是多么根深蒂固。当子女对直系血亲长辈，也就是对父母施暴时，他们会比他人对其施暴受到更严重的处罚。原因是儿女对自己的生身父母施暴被认为是大逆不道的犯罪行为，必须从重处罚。

与之相反，父母对直系血亲晚辈，也就是对子女施暴时，大多都不会受到处罚；即便他们的行为属于严重虐待儿童，他们受到的处罚也会比其他人施暴后的处罚更轻。曾有一位父亲用木剑殴打年仅 14 岁的女儿并致其死亡，但法官表示"本案件与最近的虐童案件不同，不适用故意杀人罪"，最后宣判"依伤害致死罪，判处有期徒刑六年"。比起量刑，更引人注目的是法官在判决书中提到，"案发当日的暴行，也属于劝说与管教的一部分"①。长达一个半小时的徒手暴打，再用木剑抽打身体 30 多下的行为，竟然可以被视为父母的劝说与管教，真是让人大开眼界，瞠目结舌。子女为父母所有，父母在教导中可使用暴力等这些普遍存在的观念，让人切实感受到了韩国社会的病态和魔幻。

---

① 权惠静，《父亲用木剑打死亲生女儿，被判有期徒刑六年》，News 1 新闻网站，2014 年 7 月 1 日。

母亲的藤条或"爱的棍棒"

体罚作为管教方式，过去人们使用得更多。现在的中年人可能是太过沉溺于过去，才导致他们通常会美化当年父母对自己的体罚。这种倾向不仅存在于私人对话中，就连政治、舆论等领域也是如此。

2015 年秋，我的同事拿着中央选举管理委员会要发送到韩国市道选委会的政治献金宣传海报走进来，海报上有个藤条图案，上面写着"以爱之名，管教子女——请您拿起支持的藤条，管束选出的政治人物"。我们随即指出这份文案美化了体罚，违反了《儿童福利法》，要求停止使用。尽管"支持的藤条"这样的措辞模棱两可，但公共机构使用"以爱之名，管教子女"这样的语句就很成问题。幸运的是，选委会及时给予了回应，收回了海报，还删除了官网上的相关内容。

之后我发现，尤其在选举期间，政治圈特别喜欢使用"母亲的藤条"这一说法。2017 年 5 月总统大选前，某位候选人阵营将地区民心比喻为"手持藤条，望子成龙的母亲"，还有国会议员将国民对自己党派的批判形容为"父母的藤条"。

电视节目也一样。2017 年 1 月初，歌手金建模在某节目上提及儿时被"体罚"的故事,结果节目后期就加上了"建模成长的时光,有八成和藤条一起""打之深,爱之切"等字幕。① 而在常以家庭冲突为主题的电视剧中,父母暴打、侮辱子女的场面更是屡见不鲜,他们仿佛把暴力当成一种情意。线上购物平台销售的藤条,更是被冠以这样的营销文案:"实乃追忆过去,教育孩子的常备利器。"

一旦有人提议禁止父母体罚,就会有人提出异议:"我也是被打大的啊。"这里预设了一个前提,那就是自己是从小被打才长大的——换句话说,正是在父母棍棒相加的严格管教之下,自己才能顺利长大成人。其中也可能包含了某种不快的心理,认为提出异议就是在攻击父母打孩子的行为是错误的。

很多人会说,"爱的棍棒"是韩国父母传统的教育方式,但实际上并非如此。其他包庇父母体罚行为的国家,也经常使用"爱之杖"(cane of love)的说法,因此这种严厉而又感人至深的"爱的表现"并非韩国父母的专属。"爱的棍棒"这一说法,意味着根据施暴者的意图,某些暴力能够正当化,但这些都是施暴者的逻辑;对于挨打的孩子而言,无论体罚

---

① 高韩率,《建模成长的时光,有八成和藤条一起?"体罚儿童是违法的"》,《韩民族日报》,2017年2月20日。

的原因是爱还是愤怒，根本毫无分别。

"小时候挨过的揍，成就了现在的我"这一论调，不仅存在于韩国，也存在于其他国家。每当禁止体罚成为社会议题时，社会上就会出现这种支持体罚的言论。哲学家伯特兰·罗素（Bertrand Russel）在罗素短论《凡人和其他人》（*Mortals and Others*）中写道："曾经在学生时代被藤条或鞭子打过的人，几乎都相信自己因此才成为更好的人。在我看来，这种信念本身即是体罚造成的负面影响之一。"

倘若儿时没有被藤条打，他们又会变成什么样的人？因为没有人亲身经历过，所以也无从得知。也许他们会和现在差不多，也许会成为一个对暴力更敏感、更好的人吧。

受限于儿时的文化环境，成年人接受的的确就是这种教育。然而，一个人不能因为自己成长于那样的环境，就堂而皇之地认为这个方法迄今依然有效。研究体罚弊端的发展心理学者伊丽莎白·格尔沙霍夫曾用汽车的安全带打了个比方。[①] 相当多的成年人在没有汽车安全带的时代中长大成人，但没有人会说，多亏了没有安全带我才能顺利长大；应该说，

---

① 布赖恩·瑞斯尼克，《父母打了孩子几千年，50 年的科学证据表明他们错了》(*Parents have been spanking children for millenia, 50 years of scientific evidence says they were wrong*)，《沃克斯新闻》，2016 年 4 月 27 日。

即便没有安全带，孩子也可以平安无事地长大。同理，我们也不能说，多亏了父母的体罚，我才能成为一个不错的人；而应该是，即便遭受了父母的体罚，我依然长成了一个不错的人。

我做了该打的事

姑且不论体罚是否具有管教效果且对孩子有害，我之所以认为体罚是一个问题，更大的原因在于这会导致孩子将施暴者的逻辑内化，认为暴力也是一种爱。

若是在我深知对方很爱我，或者对方非常依赖我的状态下，对方则对我拳脚相向，这不仅是一种身体上的伤害，更是一种践踏心灵的恶性暴力。多数家暴和约会暴力均属此类。2015 年，上过推特（Twitter）热搜的"约会暴力证词"便是如此。施暴者把"你做了该打的事"当成施暴理由，将过错推到受害者身上。"害怕失去对方胜过挨打"的受害者责怪自己总是做挨打的事，更下定决心要成为更好的恋人。

我在调查蔚山儿童受虐致死事件时，也听到与此极为相似的事例。根据当时社区邻居、教师和调解员的证词，施暴者与孩子的关系，同推特上的约会暴力施暴者与受害者的关系相差无几。

一方面，即便在不为人知的暴行被曝光后，施暴者也仍会将罪责怪到孩子头上——孩子撒谎，就是欠揍；另一方面，即便这个孩子被打得头破血流，孩子也仍以《很会做菜的漂亮妈妈》为题写诗作画，努力想讨好施暴者。如果说约会暴力的受害者是因为害怕失去恋人，而将施暴者的言语内化，那么被虐死的孩子则是为了生存，才将施暴者的逻辑加以内化。尽管成人与孩子面临的处境不同，但在众多披着爱的外衣的施暴事件中，受害者表现出的对施暴者的依恋和不舍，让人唏嘘不已。因为施暴者在施暴后，总会反复强调"以后一定会好好待你"。

用"爱的棍棒"把暴力和爱联系起来是非常危险的，这无疑是教导孩子，只要爱着对方，身体上占有优势的一方便可用暴力蹂躏对方；即便是在爱与照顾的关系中，力气大或有权势就可用暴力来解决问题。体罚还教育孩子，"为了得到你想要的东西，打人也无所谓""攻击他人也没关系"。

约会暴力、体罚等"以爱之名"在亲密关系中施行的暴力，在无形之中强迫受害人相信"是我做了该打的事"。为了

能够活下来，挨打者必须贬低和否定自己，认为问题出在自
己身上。

但世界上哪有什么"该打的事"，很多事例都与这种丑恶
暴力所带来的后遗症有关。其中最让人于心不忍的，莫过于
2014 年在救助站遇到的那个孩子。他来到救助站之前，经常
被父母体罚，而在与其沟通的过程中，当听到"我的身体很
珍贵"这句话时，他如此说道："书上是这样说的，可是我不
明白为什么身体很珍贵。每天都被打得很惨，身体有什么珍
贵的……"

令人遗憾的是，这个孩子在救助站的时候竟然还去性骚
扰其他孩子。他不曾被好好对待，又怎会好好对待自己和其
他人呢？

爱与暴力

社会的每个角落都充斥着人们将爱与暴力联系在一起的
思维方式。不仅仅是体罚，上述的约会暴力、家庭暴力也是
如此，而每到大学新生入学季时，迎新会上扭曲人性的"仪

式"①亦是如此。

施行暴力究竟为什么会成为一种表达"欢迎"的方式呢？我认为，在使大家能够"接纳暴力"的亚文化中，最重要的即是父母的体罚。

根据人类学者的研究成果，越是社会阶层化、政治决策非民主化、暴力文化严重的社会，体罚现象就越严重。"即便父母并非有意为之，但体罚仍充分体现了父母与子女之间悬殊的力量差距。认识到其中的不平等的孩子，成人后也很容易将这种由力量与权力带来的不平等视为理所当然。"而日常生活中较常出现体罚孩子现象的地区，也会出现对妻子或兄弟姐妹过度施暴的现象。②

心理学家史蒂芬·平克（Steven Pinker）在其《人性中的善良天使：暴力为什么会减少》一书中追溯了人类的暴力史，并以美国为例，阐述了体罚的赞成率与凶杀案发生率呈正相关关系。也就是说，容许体罚的亚文化会助长成人的极端暴力。联合国儿童权利委员会之所以强调杜绝体罚是"减

---

① 在韩国，大学高年级的学生以"肃正纪律"的名义，强迫新生接受各种龌龊的惩罚。——译者注

② 卡罗尔·R.恩伯，梅尔文·恩伯，《跨文化研究视野下的儿童体罚（*Explaining Corporal Punishment of Children：A Cross—cultural Study*)》，《美国人类学家》107（4），2005年12月。

少并防止社会上各种暴力的核心策略"，原因就在于此。

暴力还隐藏在过去很多人的普遍观念中。比如，过去的人可以随随便便地就喊出"明太鱼干和女人，每三天就要敲打一次"①，这种现在听来令人毛骨悚然的话。如今的韩国社会至少不会想着以爱之名来掩盖对女性的暴力行为，但对孩子又另当别论。我们的孩子就生活在这片容许暴力的最后的"殖民地"上，美其名曰"为了爱与管教"。

在电影《聚焦》（Spot Light）中，为揭露天主教神父奸污和猥亵儿童的罪行而努力的人权律师说道："养育一个孩子要靠整个村子，虐待一个孩子亦是。"

从电影的脉络来看，这句话是为了强调全村人的沉默与帮助等同于共犯，但我认为这句话也适用于韩国社会。正如父母无法独自抚养孩子一样，父母也无法独自虐待孩子。轻视并纵容体罚的态度、宽容暴力的心理、公权力介入的缺失等，让儿童保护体系漏洞百出，最终导致孩子在某处受虐而死。就此层面来看，将子女视为父母的所有物、宽容父母体罚的韩国社会环境，不也相当于加入了全村虐待孩子的行列吗？

---

① 明太鱼干肉质坚硬，敲打后入菜，口感变得松软。而三四天后，明太鱼干又会变得坚硬，故隔几天就要敲打一次。——译者注

对待孩子的态度，反映社会的面貌

　　无论是在东方还是在西方，只要提起禁止体罚的话题，人们最常听到的反对理由如同前述："多亏父母的棍棒管教，今日我才能成为一个更好的人。"这句话透露出一个人如何看待自己成长的价值观。有句话叫作"挨打才能长记性"，其潜在含义就是，"要让年幼的孩子好好长大，就需要靠包括体罚在内的严格管教"。

　　关于孩童，并没有一个统一的概念，不同的社会，对其有不同的定义。根据尤瓦尔·赫拉利（Yuval Noah Harari）的《人类简史：从动物到上帝》（*Sapiens : A Brief History of Humankind*）中的记载，《汉谟拉比法典》中规定了家庭内严格的等级制度，孩童不是独立的个人，而是父母的财产；若是某个贵族杀害其他贵族的女儿，则须依法处决杀人者的女儿。杀人者平安无事,无辜的女儿必须受死。这看起来很奇怪,但对于汉谟拉比和巴比伦的人而言,这却是很合理的规定。因为他们认为,自己的财产受到损失,那么造成损失之人的同等财产也要受到处分。

而对待孩子的态度与管教方法,也取决于这个社会对人性的理解。有些人认为人性本善,因此不需要体罚或管教;有些人认为人性本恶,人类是软弱的,当然需要体罚。

希瑟·蒙哥马利(Heather Montgomery)所著的《童年导论:儿童生活的人类学视角》(An Introduction to Childhood: Anthropological perspectives on Children's Lives)中记载了丰富的案例,介绍了不同文化中的管教方法。在此引用以下几个例子。

几内亚比绍的帕佩尔族(Papel)认为,父母在教导孩子时体罚是必需的,没有挨过打的孩子会成为懒惰又不知足的人,他们甚至会为了教导孩子如何忍耐痛苦,而刻意进行体罚。巴西中部地区的沙万特人(Akwẽ-Shavante 或 Xavánte)则认为,因疼痛而痛哭是很丢脸的事情,若是看到孩子会这样,他们就会对其加以体罚。

在南太平洋的汤加,体罚不仅常见,而且孩子被认为是不具备社会能力的。他们所谓的社会能力是指能够理解由地位决定的等级秩序，并具备相应的敬畏之心和服从态度。对这些人而言，体罚只是为了方便向孩子灌输等级秩序的手段。

而西方在近代以前，殴打或威胁孩子的情形也很普遍。18世纪中期之前，西欧各国法律将孩子视为物品，父母或法定监护人可以任意买卖，或将其当成奴隶使唤。英国早期的法律文献上，没有针对父母虐待子女的诉讼和法条规定；美国也将子女视为父母的所有物，儿童人权被无视。深受基督教影响的大人会故意体罚孩子，使他们恐惧。正如神从罪恶中救出世人一样，父母也必须通过体罚将子女从罪恶中拯救出来——这种世界观曾兴盛一时。

相反，在尼泊尔、密克罗尼西亚联邦等国家和中国台湾等地区，在孩子被认定具备社会能力前，父母不会对孩子进行任何管教。在巴厘岛，不容许父母有伤害子女的行为。就连以骁勇善战著称的亚马孙雨林原住民亚诺玛米人，若见到幼儿哭泣，父母也会立刻跑过来安抚。北美洲原住民因纽特人则认为，在子女具备思考能力前，父母不应该试图教导什么。

韩国又如何呢？朝鲜画家金弘道的风俗画中，就有学生被私塾学堂的老师用藤条打小腿而哭泣的画面，可见当时利用体罚管教孩子的做法很普遍。根据尹英秀与韩国放送公社（KBS）历史调查组所著的《改变韩国史的 14 个谎言与真相》中的描述，朝鲜王朝时期的士大夫李文楗写了一本书《养儿录》，上面记载了自己 16 年的育孙日记，其中经常出现体罚记录，如"召孙伏前，用马策柄敲打臀股三十下，气急而止"。从中我们可以发现，当时体罚是一种常见的育儿方法。

1868 年明治维新以来，欧洲近代的管教理念在东亚地区传播开来，家庭与学校都开始反思，认为必须改变儒家传统的管教方式。然而过去人们习以为常的体罚，却在日帝的学校制度中变本加厉，家庭内部依然延续着传统的体罚行为。日帝强占期①的"新女性"也是如此，尽管她们受过教育，但反权威主义的倾向明显。举例来说，当时新女性的代表罗惠锡②批判传统时代的家庭，勾画了以子女为中心的理想家庭蓝图，却偶尔也会对孩子进行体罚，始终未能摆脱当代日常化的权

---

① 日帝强占期，是指 1910—1945 年的日本殖民统治时期，韩国人普遍对这个时期有负面情绪，因此保留韩文汉字"日帝强占期"一词。——译者注

② 罗惠锡（1896–1948），韩国独立运动家、女性运动家、诗人及画家，著有《离婚告白书》《自由恋爱》等。——译者注

威主义的束缚。①

孩子不是管教对象，而是人权主体

西方出现反对体罚的声音始于 20 世纪初思想的觉醒——儿童也是拥有人权的独立个体。受约翰·洛克（John Locke）教育思想的影响，社会上开始批判以体罚为主的奴隶式管教方式，而在这个过程中，瑞典作家艾伦·凯（Ellen Key）、波兰教育家雅努什·科扎克（Janusz Korczak）等人，在扩大看待儿童人权的视野上贡献良多。

1923 年，救助儿童会创始人埃格兰泰恩·杰布（Eglantyne Jebb）起草了《儿童权利宣言》，此宣言在 1924 年被国际联盟认可，并由此诞生了《日内瓦儿童权利宣言》。这标志着源自教育和哲学思想的儿童人权从觉醒走向实践。之后，1959 年，联合国总部通过了更加完善的《儿童权利宣言》，而 1989 年联合国通过的《儿童权利公约》更是以具有法律约束力的公约形式来保护儿童权利，而不是仅仅停留在

① 朴露子，《培养好汉、天才与英雄——20 世纪 30 年代朝鲜的儿童青少年管束理论》，《韩国民族运动史研究》56，2008 年，第 51—101 页。

宣言层面。

在《儿童权利公约》中，人们对儿童的认知发生了转变，即从原先仅将儿童视为管教对象转变成如今的权利主体，即便儿童身体很脆弱，但仍与成人相同，是拥有同等价值的人。公约还禁止体罚，其逻辑在于倘若殴打成人的行为不可饶恕，那么殴打儿童的行为亦同，无论原因为何，都不容许。

公约所界定的体罚范围并不仅仅局限在身体上。2006 年，负责监督公约履行的机构联合国儿童权利委员会，发布了第 8 号一般性意见，详细地阐述了体罚是"任何运用体力施加的处罚，而且不论程度如何，都旨在造成某种程度的痛苦或不舒服。大部分情况下人们是用手或某一器具——鞭子、棍棒、皮带、鞋、木勺等——打儿童（'拍打''打耳光''打屁股'）"；还包括诸如"贬低、侮辱、毁誉、替罪、威胁、恐吓或者嘲讽儿童"等非身体上的体罚。

该意见还指出，"许多国家还制定了特别的儿童保护法，规定'虐待''凌辱'等行为均为犯罪。但是，委员会在审查各国的报告时得悉，此类法律的规定一般无法保障儿童在家庭和其他情况下得到保护，免遭所有体罚或其他残忍的或有辱人格形式的惩罚"。同时，"许多国家在刑法和（或）民法（家庭法）中列有明确法律条款，为家长和其他照管人在'管教'儿童时采用某种程度的暴力提供了辩护或理由"，并要求"废除（在法规或普通案例法中）在家庭／家中，或在任何其他情况下，任何允许对儿童采用某种（例如，'合理'或'轻微'惩罚或'纠正'）程度暴力的规定"。

国家必须以法律禁止体罚——在《儿童权利公约》出台这项规定前，北欧国家就开始实行了。1979 年，瑞典成为世界上第一个通过法律禁止家庭内体罚的国家，之后欧洲各国相继加入这一行列。芬兰在 1983 年通过法律禁止体罚——第三方对孩子施行身体或精神上的暴力会面临刑事诉讼，而父母以管教为目的施暴，则会面临相同的惩罚。芬兰在民法上禁止家庭内体罚的同时，还规定父母即便只是轻微拍打 15 岁以下的孩子，也会成为被起诉对象；在民事和刑事诉讼的判决中，法庭也不认可任何对体罚的抗辩，从而体现了完全禁止体罚的原则。[①]

相反，在许多层面常被韩国拿来参考的美国联邦政府却

---

① 李路红，《儿童权利与禁止家庭内儿童体罚的相关宪法研究》，《弘益法学》16（1），2015 年。

没有任何禁止体罚的法案。保护私人免于权力侵害的问题，原则上属于州的管辖范围，因此允许或禁止体罚的权限不在联邦政府，而属于各州政府。正是基于这一点，美国成了联合国会员国中唯一未批准《儿童权利公约》的国家。

法律反映出一个社会的普遍价值，但同时也会引领价值的转变和普及。截至 2017 年 5 月，世界范围内有 52 个国家和地区的法律明文规定各种体罚均为暴力（包含家庭体罚在内）且全面禁止。

这些国家和地区以法律形式禁止家庭内体罚，司法体系选择站在儿童这一边，证明人们对儿童的理解，以及对父母与子女之间的义务和责任的看法正在发生改变。

韩国法律中的"似有实无"

没有一个国家会一方面禁止家庭体罚，另一方面却允许学校或托育机构等进行体罚。家庭内体罚的禁止，通常是在所有学校、机构皆禁止体罚后才最终得以实现的。因为这项措施与父母对子女拥有所有权的主张格格不入，家庭自然也成为体罚存废之间冲突最激烈的地方。

2012 年，笔者在首尔市青少年儿童人权条例促进委员会工作时，预计条例中提及禁止家庭内体罚的条款将引起社会舆论的极大反响，因此感到十分紧张。在那之前，首尔、京畿道、全罗北道制订《学生人权条例》时，禁止体罚就被认为是对教权的侵害，从而引起了舆论的广泛讨论，而禁止家庭内体罚势必会引起一场规模更大的，有关侵害父母养育权问题的论战。

然而，后续的进展出乎我的意料，该条款并没有掀起任何舆论波澜。因为当时的反对者的焦点集中在禁止歧视性取向、禁止歧视青少年未婚妈妈的条款上，认为这样的青少年儿童人权条例会助长同性恋及少女怀孕的问题。在这种局面下，禁止家庭内体罚的条款得以顺利通过。不过，我多少还是感到有些遗憾，其实更希望社会舆论能够针对将子女视为所有物的惯常思维展开一场全民大讨论。

2015 年，国会也顺利通过了相关法律，从而使条例上升为法律条文。同年 9 月施行的《儿童福利法》修正案第 5 条第 2 项就加入了先前未有的内容，即"儿童的监护人不得造成儿童身体上的痛苦，或以言语暴力等造成其精神上的痛苦"。

该法律的修订，可以说是蔚州儿童受虐致死事件真相调查及制度改善委员会努力的成果。当时在调查并出版《李书贤报告书》的过程中，大家深刻地认识到体罚是一切虐待的根源，且家庭内的体罚隐蔽性很高，所以一致认为，应该通过法律明文禁止。

2014 年 3 月，《李书贤报告书》出版后，时任委员会委员长的民主党南仁顺议员提议部分修订《儿童福利法》，增加禁止家庭内体罚的内容，理由是"特别是家庭内发生的体罚，会令儿童产生屈辱感，具有演变成虐待儿童的风险；而社会上允许体罚成为常态，因此有必要改变人们的认知"。

提议案中有"儿童拥有在家庭内不受到身体上体罚的权利"这样的表述，但在国会讨论的过程中，此内容被改为"不得造成身体或精神上的痛苦"，并于 2015 年 3 月确定了修正案。

该法案在国会也没有遭到特别大的反对，最终得以顺利通过。在修正案入法公示期间，听说中央儿童保护机构[①]偶尔也会接到抗议电话，称："这样叫我们怎么养孩子？"但相较于首尔与京畿道在《学生人权条例》明文规定"禁止体罚"时的满城风雨，这简直就是小巫见大巫了。

---

① 该机构是韩国负责应对儿童虐待事务的中央机关。——译者注

　　法律顺利修订固然是件值得高兴的事，但笔者心里还是有一个解不开的结。各种舆论的民调结果显示，很多人依然认为家庭内体罚是必不可少的，因此，我们无法认定该法案得以通过是因为人们对儿童人权的认知有了进展。大家会不会并不认为这是在禁止体罚呢？该法案又真的可以解释为全面禁止家庭内体罚吗？

　　该法案分明会改变长久以来的社会惯习，但大家又显得漠不关心，这种状况让我和同事耿耿于怀，我们决定向专门统计各国禁止体罚资料的国际机构寻求帮助。全球全面终止体罚儿童倡议组织（The Global Initiative to End All Corporal Punishment of Children，以下简称"倡议组织"）是 2001 年在日内瓦成立的组织，并且是受到联合国机构和国际 NGO 经费支持，跟踪调查《联合国儿童权利公约》批准国履约（在法律上禁止体罚）情况的专业咨询机构。我们给他们发了一封电子邮件，详细地说明了韩国的《儿童福利法》修正案，并询问该修正案是否能够被视为禁止家庭内体罚。

　　倡议组织很快给了回复，主要意思是说，"和过去相比，确实取得了长足的进展，但依旧无法将此视为禁止家庭内的体罚"。也就是说，"该法律的禁止似有实无"。

首先，法案中并没有出现"体罚"的字眼。在惯用体罚的社会，没有人会认为"身体或精神上的痛苦"，或"暴力""虐待"等字眼是体罚。即便该法律条款在法院被解释为禁止家庭内的体罚，情况也还是一样。禁止体罚不是一种解释，而是需要法条本身表达出来。也就是说，"体罚"这两个字作为被禁止的对象，必须被明确地列入法案。

其次，还在于韩国民法中亲属编第 915 条的惩戒权条款。该条款规定，亲权人可保护子女，或为了教养进行必要的惩戒。倡议组织指出，一般来说，父母或养育者对子女的惩戒包含体罚。要达到"家庭内禁止体罚"，必须删除这个惩戒权条款，或者必须明确表明"不得在惩戒时进行体罚"。

国家介入的界限在哪里？

收到回复后，我也曾想过，法律必须明示到这种地步吗？我们就这个问题咨询过很多律师，也有很多人表示不解："只要法院解释得当即可，有必要做到这种程度吗？"然而，在《儿童福利法》修正案加入"不得造成身体或精神上的痛苦"条款后施行的两年多时间里，社会惯习和认知都没有发生任何的改变，我开始认为"必须做到这种程度"。

之所以必须在法律上明文禁止家庭内的体罚，并不是想让父母变成犯罪者，而是为了明确"孩子和成人一样，拥有受到法律保护，免于受到各种暴力侵害的权利"。

允许体罚的社会，意味着孩子不是一个完整的人，同时也意味着孩子必须经历某种程度的痛苦，才有获得身为社会成员的资格。这样的社会将孩子视为可任父母随意处置的所有物，而非一个拥有权利的独立个体。改变这种根深蒂固的不当思想，便是"禁止体罚"入法的目的。

很多人提出异议，认为禁止虐待与暴力的条款的适用范围就包含体罚，何必用法律禁止体罚，但惯用体罚的社会并未将体罚看成一种暴力。那些认为会对孩子造成严重伤害的体罚是问题，但轻微体罚、以教育为目的的体罚却无伤大雅的人，并不把"禁止各种形式的暴力"或"禁止造成身体上的痛苦"视为在禁止体罚。社会上越是广泛地认为体罚是必要的管教方式之一，就越需要用法律的语言说清楚——不得有任何形式、任何程度的体罚。

即便将范围放宽到学校、托育机构、补习班和管教机构，韩国所有法律中也找不到一条明确禁止体罚的法律条款。就拿学校体罚来说，2011 年《中小学教育法》实施细则修订后，虽然禁止直接体罚，但仍允许间接体罚，而且禁止体罚的规定并不体现在法律上，而是体现在实施细则上。更为重要的问题是，现行法律并没有针对"体罚"的明确定义。

惩戒权的问题则恰好相反。如果说"禁止暴力"是因为语义笼统，未将体罚包含在内而必须加以修正，那么"惩戒"则是因为字眼本身就包含体罚的含义，因此必须加以修正。

不仅是韩国和日本的民法中有惩戒权条款，其他国家的法律中也有许多规定父母拥有"行使惩罚之权利""适当管教孩子的权利"等情况。也有人会觉得我拿惩戒权说事，是表示父母连责备孩子，或制裁其错误行为的权限都没有。

然而，现行民法的惩戒权正是父母体罚孩子的法律保护伞。若不将其除去，就算有对孩子施暴或虐待之行为进行处罚的法律，孩子也无法享受与成人同等的权利。事实上，国内的法院也以民法惩戒权条款为依据，认可父母或养育权所有者以纠正子女行为和以管教为目的的体罚行为。[1]

在成人之间的关系中，如果有蓄意伤害对方的行为，无

---

① 李路红，《儿童权利与禁止家庭内儿童体罚的相关宪法研究》，《弘益法学》16（1），2015 年。

论理由为何，都会成为刑法处罚的对象。然而，法律上的一句"以保护或以教养为目的的惩戒"，却使孩子成为唯一可以被蓄意伤害的对象。倘若无法否定孩子也是一个独立的个人，与成人同样拥有生命与身体的权利，我们就没有理由不用法律的语言表述出来。

以法律的形式禁止家庭内体罚，要求国家介入家庭私生活领域，这也可以说是一种极权主义的表现。然而，正如为了保护家庭内的弱者，通过法律禁止家庭暴力、婚内强暴一样，对孩子的体罚也应当如此。父母的关注和保护并不总是带来正面的结果，而且孩子难以保护自己，因此必须由国家来保护孩子享有同成人一样的身体权。

虽然我在法律方面是个门外汉，但我在德国的法律中看到过关于父母权利和国家角色最理想的定义。法律地位相当于韩国宪法的《德国基本法》第六条第二项规定："保护和教养子女是自然的权利，也是父母应尽的首要义务，且由国家共同体监督其行使及履行。"[1]

后文中也会提到，韩国是父母亲权过于强势的国家。然

---

① 李路红，《儿童权利与禁止家庭内儿童体罚的相关宪法研究》，《弘益法学》16（1），2015年。

而，父母对子女的相关权利并非父母任意妄为的自由权，而是为保护子女被赋予的基本权利，甚至可以说是更接近义务，而非权利。家庭内父母的养育方式并不是一个伦理问题，也不属于法外之地，而是必须成为国家保护人权时的制裁对象。这不是因为我对大国体制有所偏好，而是唯有让公权力介入关闭的房门内，家庭中的弱者才能自由呼吸，才能变得更加自由。

过度保护或忽视，源自将子女视为所有物

我在儿童人权组织工作时，了解到韩国拥有不幸遭遇的青少年儿童中也存在两极分化的现象。

一个极端是受到父母过度保护的群体，他们大多出身于中产阶层以上的家庭。统计资料显示，这些孩子在出生后，平均从第22个月就开始早教，在各种课外补习教育中成长。其中有许多孩子就读于国际中学、特色高中等，在"考察各种能力"的升学、应试制度的指引下，他们不仅英语、数学等基本科目成绩优秀，还有从事公益活动、精通乐器、参加增进社交能力的社团与体育活动等一系列令人眼花缭乱的经历。

他们得到了父母的全力支持，并被寄予厚望，但这些孩子的成长过程充斥着沉重的课业负担，每个星期的日子都在

重复"一二三四五五五"。即便出身普通家庭,小学生也会补三四门课。要不然孩子们又怎会要求总统候选人取消补习班的晚间课程呢?甚至在 2017 年 4 月总统竞选活动中,在青少年儿童建言的环节,一名高中生就曾吐露:"小学生在补习班要被关到晚上 10 点,初中生要到晚上 11 点,而高中生则要到凌晨。"①

另一个极端则是被父母忽视的群体。与被过度保护的群体相反,这些孩子无法获得必要的资源、照顾和激励,在放任自流的环境中长大。我在社区儿童中心遇见的一名小学生就说,自己与父亲同住,在家从来不曾吃过泡面以外的食物。在判定为虐待儿童的案例中,有 1/5 属于这种被忽视的情况。它不容易被注意到,加害者也不认为这是个问题,再加上周围的人也不以为意,因此它很可能会长期存在。

这两个群体内均发生了体罚与虐待。无论是过度保护还是忽视,究其根源,都在于父母无法将孩子视为独立存在的个体,而是将其当成自己的所有物。在过度保护的情形中,父母过度的教育热情与过度的干涉,往往会演变成对孩子精

---

① 权英全,《虽然没有投票权,孩子们希望"请禁止补习班晚间授课"》,韩联社,2017 年 4 月 4 日。

神及身体上的虐待。而在忽视儿童的情形中，父母没有做到应有的照顾，对孩子不管不问，动不动就把孩子当成"出气筒"。不懂得区分父母与子女之间的界限，或无法保持适当的距离和尊重，就会发生过度保护或忽视这两种极端情况。

"非正常"的弱势家庭才会忽视孩子？

至少到 2015 年年末，对孩子的忽视还未被视为严重问题。曾发生过这样一个事例：一位母亲长达半年都没有送身为初中生的儿子上学，学校向警察报案，称该母亲忽视儿童，但警察表示"忽视的标准模糊，难以界定，没有相关的办案指南"，因此并没有介入。标准之所以模糊，或没有判断标准，主要是因为过去公权力几乎完全不处理这种所谓的"忽视"。

直到后来，忽视儿童导致了惨剧的发生，并在社会上引起轩然大波。2015 年 12 月，仁川一名被囚禁在家中遭受虐待的 11 岁小女孩，凭一己之力从家中逃了出来，而此前她已经很久都没去上学了。政府这才全面展开学校长期缺席儿童的调查，事后追查到各种残忍虐待致死事件，整个过程一直延续到了 2016 年年初。

那些遇害孩子的尸体或被任意丢弃后惨遭损毁，或被秘密掩埋，被发现时已是一堆白骨。他们的父母或监护人大多数都没有送他们上学，使他们置于教育忽视状态。根据相关法律的规定，没有送孩子去小学接受义务教育的家庭，须缴纳罚款。但从该法令制定，到2016年年初，孩子被虐死的事件相继曝光为止，根本就没有实际缴纳罚款的案例。在那之前，即便孩子在学校缺席三个月，也只会被学校归类为"定员①之外的学生"，没有人会去确认孩子长期缺席的原因及其安危。

连义务教育都不让孩子接受，这就是严重的虐待儿童的行为——倘若韩国社会有这种坚定的认知，那些孩子还会如此惨死吗？这些事件相继被报道的时候，大家都对杀害孩子的父母的恶劣行径义愤填膺。但在我看来，连本应该做到的最基本的介入都没有的国家，无疑也是一名共犯。

在这一系列事件发生后，2016年3月29日，政府宣布该年为杜绝儿童虐待元年，并发布了《儿童虐待防止对策》。对策的重点不是事后如何处置，而是如何事先预防、及早发现。

---

① 编制内的人员数。此处指长期缺席的孩子被归类在固定出席的人员之外。——译者注

每次一发生儿童被虐待事件，政府就会言之凿凿，掷地有声，表示对此会严正处置。但只要大众失去兴趣，舆论平息，一切又会重归平静。之后若再发生，就再把过去的东西拿出来"炒冷饭"。这次也不例外。《儿童虐待防止对策》中针对未接受健康检查与未接种疫苗者进行家庭访问，针对未上学的学龄儿童进行家庭访问，设置儿童虐待专职警官，做好禁止家庭内体罚相关教育和宣传等，这些均是政府在2014年发生蔚山和漆谷儿童受虐致死事件后发布的对策，却没有一项付诸行动。具体的负责人是谁也不清楚，也没有人在乎。没有人力和预算保障落实，就这么不闻不问，等类似事件再度爆发，才匆忙地将两年前的对策凑在一起再次发布。一想到那两年由于政府的无能与不负责任，不知又有多少孩子被虐待，我就会气得两眼发黑。

比起以前，2016年的对策加强了父母教育以预防儿童虐待的内容，强调各年龄阶段的量身定制型教育，并对弱势家庭提供援助。可是一看到后面所举的例子，我就感到很荒谬。单亲父母、隔代、离婚、再婚、多文化、残疾人家庭等，都被拿来当成弱势家庭的例子，这就相当于把所谓的"非正常"家庭的其他家庭形态，都归类为容易发生虐待儿童事件的弱势家庭。

当时我和同事根据各种新闻报道整理虐童事件的类型，在总共 10 例事件中，没有 1 例发生在政府重点援助的残疾人士、多文化及隔代家庭中。

至少从当时我们整理的资料来看，发生严重虐待孩子事件的家庭，有 5 例属于父母在社会上处于孤立状态，或家庭成员间有严重冲突；有 4 例属于离婚、分居、同居等婚姻制度之外的家庭；有 4 例父母的养育压力较大；有 3 例父母玩游戏成瘾（以上包含情况重复者）。显然，问题并不在于家庭的形态。

有时候即便是亲生父母，也无法保证孩子的安全。举例来说，有一对不孕不育的夫妇，经过人工受孕后成功生下了三胞胎，却将第二个孩子虐待致死。妈妈因巨大的养育压力而饱受抑郁症的折磨，看到老大和老三健康状态不佳，唯独老二很健康的时候，她内心不由自主地讨厌老二，于是经常虐待老二，最后导致孩子丧命。而爸爸则沉迷于网络游戏，对孩子们不闻不问。

再如平泽儿童受虐致死事件，它发生在一个再婚家庭中，孩子的生父是月收入高达 500 万韩元[①] 的上班族，但生父与继母不仅不送孩子上幼儿园，反而虐待孩子。根据警方的调查，继母将孩子关在浴室，几乎不让孩子进食，自己则沉迷于手机游戏，6 个月的花销超 6000 万韩元。除了丈夫，继母手机上没有和他人的通话记录，断绝了一切社会关系。在此案例中，问题的关键不在于再婚家庭，而在于社会关系断绝与游戏成瘾。

　　找出虐待的预测变量并加以预防至关重要。2016 年 2 月，美国发表了《防止虐童的国家战略报告书》[②]，编写者是美国国会根据《儿童保护法》设立的委员会。这份报告书指出，预防虐童致死事件最紧要的措施，就是调查过去 5 年来儿童受虐致死事件发生的家庭环境，总结相关家庭类型和结构性原因，如游戏或药物成瘾、社会孤立、经济不稳定、儿时遭受家暴，以及过早生育导致缺乏养育相关知识，从而引发高度压力等，并集中援助在此范围内且有虐待迹象的"弱势家庭"。

　　之所以事先预测，是为了看见那些没被看见的孩子。换

---

　　① 人民币兑韩元的汇率约为 1∶170（2020 年 6 月为基准）。——译者注
　　② 《在力所能及的范围内：防止虐童的国家战略报告书》(*Within Our Reach : A National Strategy to Eliminate Child Abuse and Neglect Fatalities*)，https://www. acf.hs.gov/sites/default/files/cb/cecanf_final_report.pdf，2016 年 2 月。

句话说，要让作为第三方的公权力机构看见正在家中畏缩害怕的脆弱的孩子，这样才能为他们说话。这对预防虐待极为重要。然而，政府并未对已发生虐童的家庭结构环境进行充分分析，就将"正常家庭"外的家庭均纳入弱势家庭的范围。就虐待预防对策而言不免过于简单，还隐隐地流露出对那些家庭的歧视。

樱花的花语是"期中考试"①

尽管忽视的概念模糊，但它仍被包含在《儿童福利法》所定义的虐待范围内，而过度保护则不包含在其中。孩子因过度补习和成绩因素而遭受父母精神上和身体上的虐待的案例屡见不鲜，这不禁让人感慨，法律是否也应该将过度保护纳入虐待的范围。

在所有家庭为子女教育倾注全力的竞争社会，无论过度保护的原因是基于"别人都在努力"的不安全感，想尽办法提高子女成功机会的期望，抑或是为了满足父母自身的成就

---

① 韩国的入学时间是每年的3月，因此期中考试大约在樱花开的时候。——译者注

欲望，它都是近年来韩国中产家庭的普遍现象。

韩国导演郑智友曾执导过一部名为《第四名》的电影作品，里面将父母过度保护，无法将孩子视为独立个体的心理刻画得入木三分。儿子俊昊喜欢游泳，并在游泳比赛中获得了第四名，为此很是高兴，但妈妈却破口大骂，问他是不是笨蛋。

"啥，才第四名！你打算以后干什么？要一辈子穷酸没出息吗？你很讨厌你妈吧？你只要想着讨厌的妈妈在背后追你，就能游得更快啦！"

其实妈妈知道教练为了提高成绩，打俊昊打得很凶，但儿子的成绩确实提高了，就默许了这种行为。

这位妈妈还说"比起俊昊挨打，拿第四名更可怕"。在得知儿子要放弃游泳后，妈妈的情绪立即爆发，破口大骂："我们说好要拿奖牌，练得这么认真，你有什么权利说不要游泳？你这不肖子！"这就好像是儿子让她的梦想破灭了。

最后妈妈放弃了大儿子，开始把二儿子送进补习班。听到二儿子说不想去补习班，妈妈又将其训斥一通，之后还要再确认一遍："你是妈妈的什么呀？"孩子则摆出一副"又来这套"的厌烦表情，叹口气回答道："希望……"

妈妈在祈祷时也是一心只想着丈夫和子女，从来不曾为自己祈求什么。但她并非一个无欲无求之人，而是一个野心家，梦想着"奉献自我"，成就"家庭"。嘴上口口声声说是为了你好，实际上都是为了自己。而代替妈妈实现梦想的孩子，无疑是"希望"的一名俘虏。

儿童保护机构也经常接到关于中产家庭虐童的举报，其中大部分都是因为成绩。曾经有一名医生因为儿子的学习成绩一直不好，儿子又不肯乖乖听话，所以派自己医院的员工将孩子带到山上绑起来，将孩子毒打一顿，后来被举报虐待儿童。

在父母的监视下，孩子必须全力以赴，仿佛要去参加铁人三项的比赛。尤其是刚升上初中时，孩子的幸福感更是断崖式下降。在我所任职的机构和首尔大学社会福祉研究室共同进行的"韩国儿童生活质量研究"中，我们分别比较了2015年15国年满8岁、10岁、12岁儿童的幸福感，结果发现，韩国儿童不仅各个年龄层的幸福感最低，而且10岁到12岁儿童的幸福感下降幅度最大。他们一旦升上初中，就身负巨大的学业压力及父母的鞭策，甚至会自嘲"樱花的花语是'期中考试'"。

2016 年，自由学期制开始实施，孩子们也有了一点喘息空间，但高中早已由各种特色高中、私立高中等完成了排序，初中生的升学负担并没有因此减轻。如果中考考砸了，高考也很可能会考砸。出于这种巨大的压迫感，就读一般高中的学生也带有深深的自卑感。2016 年 8 月，在我们举办的《第三届韩国儿童生活质量研究发表会》上，参加讨论的初二学生如此说道：

"从初中开始，我的人生就和生活记录簿①捆绑在了一起，努力想在那里留下好的字眼……我们过着记录簿规定的日子，没有自己的时间。可以说随时都有事情要做，所以那些最不紧急又不会被打分数的事，最先从我们的人生中被划掉。说不定，幸福也在那些被划掉的事情之中。"

而这也是发生虐待最频繁的时期。根据 2015 年中央儿童保护机构针对虐童现状的统计资料，13 岁到 15 岁的初中生占虐待受害者总数的 22.2%，在所有年龄分段中高居首位。

《被关在玻璃墙内的孩子们》的作者贾英休，曾在国际中学担任过 7 年心理辅导老师。从该书中我们得知，在家庭相

---

① 生活记录簿记录学生学籍、成绩、课外活动等内容的档案，是韩国学生升学的重要参考材料，类似于我国的成长档案。——译者注

对富裕的子女所就读的国际中学那里，受家暴折磨的孩子亦不在少数。

"有个孩子，只要有人把手伸到他的头部附近，就会立刻感受到那股气息，自动转头躲避。孩子说，这是因为从小自己的头就被打过无数次，餐桌上还一直贴有每个项目挨打次数的纸条。……坦白自己随时被父母殴打的孩子不在少数，父母对孩子的态度或成绩不满意时，就会突然变得歇斯底里，随便抓东西来打孩子。……令人惊讶的是，那些施暴父母几乎都是教授、医生、律师、公检法公务员等专业人员，属于社会精英阶层。也就是说，表面上他们都是人人称羡的对象。所以为了维持父母在社会上的体面，孩子也只能默不作声。"

就算没有直接施暴，父母很多经常性的行为同样属于虐待。例如，将房门拆下，监视孩子是否在读书；即便孩子只是去上厕所，也会责怪孩子不认真；要初一的孩子提前学习高一的内容，成绩不理想却反过来责骂孩子；要求孩子减少睡眠时间等。

令人唏嘘的是，受到家暴的孩子们大部分会认为"是自己的错"，正如前面所阐述的体罚受害者会将施暴者的说辞内化一样。2014 年韩国青少年政策研究院进行的"儿童青少年家暴的现状及应对方案研究"的结果显示，被家暴的儿童被提问"你认为父母为何对你施暴（原因可多选）"时，有82.2%的受访者回答"是因为我做错事"。

有学生认为自己的家庭毫无问题，是自己引起了问题，并反复表示"被打还算是便宜我了"。甚至会说，"只要没有我，我们家就会变得幸福"。他们认为自己不正常，是一个有问题的存在，破坏了家人的幸福。

过度保护的负面影响

虐童不单指给孩子身体带来伤痛，心理上的伤痛亦如此。过度保护给他们的心理造成了诸多伤害，负面影响极大。

作为过度保护的一种，过度的补习压力最常引起的病症就是抑郁症。根据健康保险公团的数据，2015 年因抑郁症接受治疗的学生为 20 550 名。在首尔市，有 83% 的未成年抑郁症确诊患者集中在补习班密集的五大区。2017 年 4 月，《朝鲜日报》就相关问题询问补习班密集地区的十多名儿童青少年精神科医师，得到的反馈是"有三到六成罹患抑郁症的青少年患者，承受着补习所带来的压力"。[1]

在学术研究中，过度保护所带来的负面影响也不断得到证实。2015 年，一项以大邱、庆尚北道地区 421 名男学生为对象的统计研究显示，父母的过度期待、过度控制、过度保护、过多的爱，与校园霸凌受害经历密切相关。越是觉得自己被父母过度保护的青少年，就越容易因为低自尊和抑郁而展现出软弱和服从他人的态度。这种倾向越强，就越容易成为强悍孩子的攻击目标。这种孩子无法很好地应对霸凌，因此容易成为校园霸凌的受害者。[2] 校园霸凌会令加害者和受害者都留下严重的后遗症，很多受害者出于对加害者的憎恶和报复心理，转而去欺侮更弱小的孩子，从而成为新的加害者。

另一项以 603 名初中生为对象的研究结果显示，父母过度保护的养育态度会引发子女的负面思考，导致其宣泄愤怒更加无节制。青少年时期本应在心理上脱离父母，培养独立自主性，但此时父母过度保护的养育方式，很有可能给子女

---

[1]　金亨元，《补习压力导致罹患抑郁症，学生求助心理医生》，《朝鲜日报》，2017 年 4 月 3 日。

[2]　李智妍，《幼儿时期被父母过度保护与学校暴力受害经历关系中的抑郁媒介效应》，《韩国教育问题研究》33 (2)，2015 年，第 1—19 页。

带来负面的影响。[1]

这样的孩子长大成人后，也不会自行恢复。2013 年，一项以 589 名大学生为对象进行的调查显示，童年时期越是受到父母的过度保护和控制，他们在日常生活中就越容易感到抑郁。[2]

这些学生担心遭受拒绝或担心被抛弃，非常注重建立亲密的人际关系；或者恰好相反，他们会避免建立亲密的关系。大学生时期表现的抑郁症症状，有相当高的比例源自他们童年时期受到父母的过度保护和控制，其个人的自主独立性无从发展。

先前我曾和在大学生活辅导中心工作的朋友聊过类似话题。他们说，最近很多大学生都不知道自己要修哪一门课，也不知道要参加哪个社团，甚至在被问到"下次还来不来接受心理辅导"的时候，都要回答"我回去问一下妈妈"。

但上述情形的发生，我们也无法完全归咎于父母。因为韩国本身的教育制度非常重视学习成绩，它会一路伴随孩子

---

[1]　石敏晶、吴仁洙，《初中生眼里的父母过度保护养育态度、负面自动思考与愤怒之间的关系》，《中等教育研究》62（3），2014 年，第 491—511 页。

[2]　韩起百，《童年时期父母过度保护与大学生抑郁的关系：成人依附的媒介效果》，《青少年学研究》21（2），2014 年，第 427—448 页。

考大学、找工作、结婚，俨然一个解不开的结；而韩国社会的学历歧视又非常严重。

你也许会想当然地认为，这种过度补习及过度保护发生在高收入阶层，但也有研究结果指出，贫困家庭中过度保护的比例也很高[①]。为了避免贫穷代代相传，避免孩子因为自己是基本生活补助对象而受到伤害，费尽心思让子女接受教育而牺牲自己的父母又有多少呢？

玩耍的权利被剥夺

孩子最迫切想得到的是"玩耍的权利"。"让我玩一下吧。"这句话听起来有多凄凉啊！蔚山被继母虐待致死的李书贤，死前就曾迫切地希望继母"带她去郊游"。受虐的孩子惨遭暴力的蹂躏，而遭受补习折磨的孩子则是被过度保护压得动弹不得。不管是哪一种，他们都没法玩耍。

在韩国，10～19岁的孩子平均一天的学习时间超过6小时。若以一周为计算单位，他们的学习时间要比成人法定工

---

① 朴娜莱，《疏忽、过度保护对青少年心理社会调适的影响：以补习教育的调整效果为例》，《韩国儿童福利学》37，2012年，第139-164页。

作时间（一周 40 个小时）还要长。

2013 年保健福祉部的《儿童综合实况调查》结果显示，3
名小孩中就有 1 名每天的游戏时间不到半个小时。半数孩子
表示，希望放学后可以"和朋友们玩耍"，但实际上放学后和
朋友玩耍的孩子仅占 5.7%。

2015 年，我和同事们开展了一个"快乐玩耍的学校"项
目。在访谈的过程中，当被问及"在哪里玩儿"这个问题时，
一名 12 岁的女学生回答："在厕所。"

"毕业之后，印象最深刻的恐怕就是学校的厕所了。因为
只有在那里，才能够自在地玩耍。当时会觉得的确玩得蛮开
心的，但只能在那个地方玩耍，其实也挺悲哀的。"①

除了时间，玩耍的空间也是个问题。在救助儿童会与首
尔大学社会福祉研究室共同进行的 2014 年度《韩国儿童生活
质量研究》中，其中一项结果显示，对于孩子来说，小巷、
社区游乐场等和伙伴玩耍的空间极为重要。

孩子对一个社区做出负面评价，其原因不外乎"周围没
有玩的地方，小巷阴森吓人，游乐场里不安全"。孩子在谈到

---

① 高宇贤，《问：在哪里玩耍？答：在厕所》，救助儿童会"守护游乐场"
活动页面。

对社区的正面印象时，提及最多的也是游乐场。孩子对游乐场的看重程度超出研究团队的预料。对孩子而言，游乐场不仅仅是一块空地，也是孩子对社区产生安全感，能和朋友们交流的地方。

然而，一方面孩子的玩耍空间正在逐渐消失，现在更为流行的是室内游乐场，而这个密闭的空间，家长必须花钱才能让孩子进去玩耍；另一方面，繁重的课业负担使得孩子们连在学校操场玩耍也成了奢望。

而且原有的室外游乐场也正逐步消失。2015年1月，根据《儿童游乐设施安全管理法》，韩国有1 740处室外游乐场因未能通过安全检查而同时遭到关闭。安全固然重要，但毕竟因为它们是孩子使用的游乐场，所以才能被同时关闭。试想，假如是一下子有这么多养老院被同时关闭，怎会不引起骚乱？当时包括我所任职的单位在内，各方团体发起联合署名运动，对此提出质疑，之后相关法律得以修订，规定地方政府要补助游乐场的整修费用。但由于无法强制整修，多数游乐场也因此静静地消失了。

当竞争与创造收益变得最重要时，最先消失的自然是公共生活空间，但我们为此付出的代价很大。社区的游乐场与小巷是孩子学习公共生活的空间，他们漫无目的地自由嬉戏，克服对陌生的恐惧，协商彼此的分歧，摸索冲突的妥协点，借此培养民主的心态与习惯。对孩子而言，这样的物理空间有其必要性。

举例来说，2008 年英国将保障儿童游戏权列入国家战略，宣布不得以经济条件或身心障碍等各种理由侵犯儿童的游戏权，要保障孩子"平等玩耍、嬉戏的机会"。英国在各地区设立游乐场委员会、建筑委员会，新建安全且方便的游乐场，改善学校与幼托机构游乐设施，还让当地居民与孩子参与其中并提出建议。

英国之所以实行这样的政策，是受 8 岁小女孩维多利亚·克里比（Victoria Climbie）受虐致死事件的影响。以此为契机，整个国家都在反思为何没能好好地保护和善待孩子并有所领悟。而韩国呢？在接连不断的儿童受虐致死事件及"世越号"沉船事件后，孩子又处在什么样的环境中呢？长此以往真的好吗？我们是否对此做了反思，有了领悟呢？

我们每一个人都对社会充满了不信任感，不相信他人会施以援手；同时充满了不安，只有战胜对方才能存活下去——这样，所有人都朝着同一个目标向前奔驰。在这个过程中，孩子还没来得及好好地玩耍，就被早早地赶了出去，或只是满足父母的心愿，却无法为自己的人生做出任何决定。我们的社会难道就不能容许孩子们尽情地嬉戏，鼓励他们按照自己的速度、自己想要的方向前进吗？

论"家人结伴自杀"的不可能性

父母自行"处置"子女的行为中最极端的就是杀害子女后自杀,这种事情在韩国也时有发生,媒体称其为"家人结伴自杀"。不管是行为本身,还是"结伴自杀"这一说法,都包含这样一个观点——孩子未被视为父母之外的独立个体,且父母抛弃世界时,可以将孩子当成所有物一并带走。

在参加儿童人权组织工作前,我是一名记者。当时媒体将杀害子女后自杀称为"结伴自杀",我并未觉得有何不妥。"非到万不得已,他们又怎会做出如此极端的选择?"看到类似的报道,我仅仅只是心情比较沉重,然后很快就将其抛到脑后。现在想来,我真是羞愧得无地自容。

在我到儿童人权组织工作后,2014 年年初发生了"松坡三母女"因生活困顿而自杀的事件。之后,我开始觉得"结伴自杀"这个用词很有问题。当某种类型的自杀事件引起轰动后，类似事件就会接踵而至。当时社会上也不断传出有贫困及处于福利真空地带的家庭走上绝路的消息，媒体在进行报道的时候会加上"结伴自杀"的标题。从2014年2月27日"松坡三母女"事件开始，一直到3月5日，仅仅一周的时间，韩国各种媒体上发布题为"结伴自杀"或"结伴投江"的报道共有33条，包括父母杀害子女后自杀，以及有这种意图的。

当时我就觉得这些说法有点过分，后来偶然有机会和脸书（Facebook）上的朋友就此交流了想法。他们认为，人不可能会和他人"结伴"去死，杀害子女后自杀的事件怎能被称为"结伴"？我认为大家不应该只在脸书动态上发泄怒气，而是要尝试改变这种惯例，于是和同事讨论后，我寄了一份意见书给媒体，要求不再使用"结伴自杀"这个词。当时意见书的重点如下。

自杀本身是错误行为，而父母杀害未成年子女后自杀更是严重侵害儿童人权、人神共愤的残忍行为。媒体把这种事件称为"结伴自杀"进行报道，可能会散播以下错误的认知。

（1）"结伴自杀"这一说法，将明显的杀人和侵害儿童人权的父母塑造成温情的形象，传递出父母可以自行决定子女生死的错误认知。

一项研究结果表明，一半以上被报道为"家人结伴自杀"的事件，均是父母杀害子女后自杀。子女不是父母可以任意处置的财产，也不是其所有物。即便处境再艰难，父母也没有杀害子女的权利。韩国政府批准的《联合国儿童权利公约》第六条就规定：缔约国承认儿童有与生俱来的生命权。

就算父母无法在极端的情况下活下去，留下来的子女也不见得就无法生存。即使个人做出终结生命的错误选择，但连子女的性命也一并了结，就是明显的杀人行为，是父母将子女视为所有物这种扭曲文化的极端表现。

将其称为"结伴自杀"，就是把无可争议的杀人和侵犯儿童人权的行为塑造成某种温情的举动，告诉人们"父母可以任意决定子女的生死"这一错误思想。

媒体应该避免使用"结伴自杀"或"家人集体自杀"等说法，若不得已必须报道此类事件，则应该标明"父母杀害子女后自杀"。

（2）"结伴自杀"这种说法会误导民众，让民众以为这只是个人的悲剧，却忽视了这其实是社会安全网的缺失。

之所以持续发生子女惨遭父母杀害的事件，原因不仅仅在于父母将子女当成自己的所有物，更深层次的原因是长期以来对邻居和社会的不信任。这些杀害自己子女的父母相信，孩子离开了自己的照顾，就不能好好活下去，所以在了结自己生命之前杀害了子女。

发生这种事情时，我们应当思考的是社会的安全网有没有被筑牢，是否发挥了相应的作用。然而，"结伴自杀"这种说法将焦点放在个人悲剧上，引发大家感叹"要不是万不得已，也不会走上这条道路……"就这样，整个事件以同情父母的那种绝望心态而结束。

由此，我们强烈呼吁媒体朋友们避免使用"结伴自杀"或"家人集体自杀"等说法，停止散播子女为父母之所有物，父母可以侵害儿童人权等错误认知，并引导大众共同反思构筑社会安全网的问题。

我们还为上述内容加了一个很长的标题"父母与子女并非'结伴自杀'，而是父母'杀子自杀'"，并将意见书寄给了 25 个报社下属的社会部，同时上传到了脸书，没想到它引起了公众的热烈讨论。赞同与反对的意见都非常多，其中反对者认为"不管怎么说，'杀子自杀'的说法太吓人了""这种观点太冷血了，完全不体谅父母走投无路的心境"等。

那个时候，我拜托一位同事每天检索新闻报道，看是否有提及"结伴自杀"，并同写报道的记者和单位联系，请他们避免使用这一说法，并寄意见书给他们。之后长达一年时间，我的这位同事几乎每天早晨上班后都是先检索新闻报道，然后打电话给写"结伴自杀"的记者，和对方进行一番争辩，并由此开始自己新一天的工作。

起初，记者纷纷反驳道，"拿出替代方案来啊""这个为什么是个问题"。《京乡新闻》等部分媒体则表示，编辑部会对此进行慎重的讨论，而《国民日报》《每日经济》等媒体也在自家报纸版面上申明同意我们的建议。

由来已久的悲剧

父母陷入极度绝望，决定抛下世间所有时，为何要杀害自己的子女呢？在阅读了很多"杀子自杀"事件的相关报道后，我发现有很多将这类死亡本身解释为"西方没有的现象"。但这并不代表西方就没有"杀子自杀"的事件，只是他们不会使用"家人结伴自杀"这种温情的说法。在西方，父母杀害子女被认为是谋杀儿童（child homicide）或杀子女（filicide），而之后父母自杀的行为，则是另一个问题。

最近，社会上出现了一个说法，叫"家庭灭门"（family annihilation）。分析英国 1980 年至 2012 年发生的"家庭灭门"事件，研究结果显示，灭门者大多为对家长角色具有刻板印象的男性。该类型男性遇到家庭解体或破产，妻儿无法遵守他的宗教或文化习惯的情况，或产生过度妄想，认为自己必须保护家人免受外部威胁时，就会对家人"赶尽杀绝"。[①]

而这些灭门者的典型特征，大致是懂得为家人牺牲奉献、忠于自己的家庭，但身边少有朋友，在社会上遭到孤立的中年男性。他们将家庭成员视为自己的一部分，而非独立个体，因此当面临与配偶分离或破产等危机时，他们就会陷入与自杀相似的心理状态，将构成自我的一切悉数抹去，造就灭门惨案。被抹去的不只有家人，很多灭门案中实施者还会杀害

---

① 梅利莎·赫根布姆，《犯罪学家确定家庭杀手的特征》（*Criminologists identify family killer characteristics*），英国广播公司，2013 年 8 月 15 日。

宠物、在家中纵火等。①

这种"杀子自杀"的悲剧在韩国社会中自古就有,《高丽史节要》及《朝鲜王朝实录》均有记载,大致是贫民因生活困顿或无法负担过重税金而选择这种极端方式。

朝鲜战争后,"杀子自杀"变成一个社会问题,20世纪50年代发行的报纸就经常有相关事件的报道。1957年10月的报纸曾刊登过这样一则消息,一名女性因丈夫有外遇,又受到婆婆虐待,心生怨念,愤而投汉江自杀,最后和自己的第二个孩子一同获救。在法院审判时,该女性表示:"既然我都死了,将年幼的孩子留在世上反倒是一种罪孽,所以才下定决心要一同寻死。"最后法庭从轻量刑,当事人得到了宽大处理。

社会学家郑昇和认为,"在丈夫有外遇及被婆婆欺压的双重重压下,该名女性无法获得生而为人的尊严与尊重,自我也因此丧失,既无法将子女视为独立的个人,也无法将抚养子女托付给其他亲戚或社会机构"。他还表示:"'家人结伴自杀'事件在朝鲜战争后急剧增加,反映了家庭全部承担个

---

① 麦克斯·彭伯顿,《是什么驱使父亲杀人?》(*What drives a father to kill?*),《电报》,2011年12月17日。

人安全和生存责任的社会现实，以及大众对连接感瓦解的松散社会产生疏离感和不信任感。"①

20世纪六七十年代，"杀子自杀"事件依然层出不穷，"一家人集体自杀"事件时常发生。1963年5月1日，《京乡新闻》社会版头条以《拒绝一同前往地府——少年的理性从残暴爸爸手中救出六名家人》为题，对一名十几岁的孩子"忤逆家长集体自杀的意愿并报警"的事件大书特书。

令人吃惊的是，在老一辈人眼里的那个美好的"朴正熙②时代"，当时的自杀率也居高不下，和现在没有太大差别。③在朴正熙执政初期的1965年，自杀率为每10万人中有29.81人，10年后的1975年为每10万人中有31.87人，创下了历史最高纪录。六七十年代的自杀率几乎一直处在高位，每10万人中就有25人以上。这一数字和现在韩国的自杀率（2015年为每10万人中有25.8人）统计相当，而现在韩国的自杀率已经高居经济合作与发展组织成员国榜首。

---

① 郑昇和，《20世纪50—60年代韩国社会经济结构变化与家庭结伴自杀》，《开启明日的历史》42，2011年，第180—200页。
② 朴正熙，1919—1979，韩国第5届至第9届总统，是韩国宪政史上执政时间最长的总统，亦为韩国第18届总统朴槿惠的父亲。——译者注
③ 千正焕，《连载：20世纪70年代——从朴正熙到〈首尔星期天〉(11)维新时代韩国的自杀现象》，《京乡新闻》，2013年10月18日。

每当大家谈到现代社会的种种弊病，就不禁会想起"美好的过去"。很多报道在分析"杀子自杀"事件为何层出不穷的时候，也时不时地引用专家"过去不是这样"的论调。某媒体曾刊登过一个精神科医师的评论——"朝鲜战争后，从 20 世纪 50 年代一直到 80 年代，邻居彼此互助解忧，实实在在的'远亲不如近邻'。但随着经济的发展，生活的富裕，如今大家和邻居只是打个招呼，或根本不知道彼此是谁，社会安全网也因此彻底崩溃。"

然而，冰冷的数字却告诉我们现实并非如此。从朝鲜战争到注重经济增长，一味强调"快点、快点"的压缩式现代化，以及后来的新自由主义时代，韩国的自杀率几乎就没有低过。从某个角度来说，大韩民国就是一个不折不扣的"自杀共和国"。

在搜集资料的过程中，我网罗了 1978 年到 2015 年的"杀子自杀"事件的统计资料。其中，从 1978 年到 1994 年，年平均为 9.6 起；1995 年到 2005 年，年平均为 18.3 起；2006 年到 2015 年，年平均为 7.2 起。一起事件中丧生的子女可能为两名以上，这也就意味着孩子的死亡数要更多。

1998 年，"杀子自杀"事件特别多，之后逐渐降低；然后

在 2002 年和 2003 年又再度攀升。当时发生了什么呢？那就是
IMF（国际货币基金组织）外汇危机、金融危机及信用卡危
机。在"杀子自杀"事件最多的 1998 年到 2005 年，我推测
主要原因就是经济困顿。在被父母夺走生命的受害者中，比
例最高的是未满 19 岁的儿童与青少年，占比为 66.7%。[①]

亲手了结子女性命的心理

由于经济困难或疾病缠身等原因而陷入极度绝望的人，
为何会在抛弃世界时先杀害自己的子女？他们究竟是出自何
种情形和心理？多数做出此种举动的韩国父母，其实都重视
子女胜过自己，所以这不免让人感到意外。究竟是面临何种
处境，才导致这些人会想到亲手了结比自己更珍贵的孩子的
性命？

我们可以根据自杀者所留下的遗书，或自杀未遂者的陈
述来推断这些父母的心理。2006 年，一名男性（38 岁）让一
双就读初中的儿女服下氰化钾后自杀，他在遗书中写道："我

---

① 金亨秀、黄春奎，《韩国社会结伴自杀相关研究：以新闻报道为例》，《地
区开发研究》38（1），2006 年，第 29—50 页。

们一家三口绑在一起离开了，这样永远都会在一起，也请将我们埋在同一个地方。"

掐死 5 岁儿子后自杀的女性（27 岁） 则写道："我无法忍受孩子受苦，所以把他一起带走。"

此外，2014 年一位母亲曾试图在杀害子女后自杀，结果孩子们不幸丧命，自己却活了下来。她在调查中表示："丈夫再婚后，后妈怎么可能会善待孩子？而且婆婆也不太疼爱他们。想到我死后可能没有人照顾他们，才决定带他们一同去死。"在试图自杀之前，她在纸条上写下"把××交给你（丈夫）太可惜了，所以我把他们带走了。都是因为你，我的人生全完了，这是我对你最后的报复"。①

这是家庭主义心理的极端表现，将孩子视为自己的所有物，而非一个独立的个体，甚至把对配偶的报复心投射在孩子身上。

在韩国社会中，将家庭视为命运共同体的强迫观念根深蒂固，父母必须担负起对子女的各种责任，父母必须时时刻刻为子女牺牲奉献，成为他们的后盾；如果做不到，他们就会被认为没有资格做父母。他们无法将自己和子女进行分离，

① 崔贤俊，《和孩子同伴自杀也是杀人》，《韩民族日报》，2015 年 5 月 8 日。

不能认识到孩子也有自己的人生，因此在走向生命终点时，自然会认为只有了结子女的性命，才能显示出父母负责到底的态度。所以，之前媒体称其为"家人结伴自杀"，塑造出一种温情的形象，而人们也会习惯性地认为"要不是万不得已，也不会走上这条道路"……

然而，父母之外没有任何人会来照顾孩子，也是我们社会中存在的不争的事实，由此也显现出问题的严重性。正如同前面那位妈妈在遗书里所说的那样，"我死了之后，没有人会来照顾孩子"，这种想法其实相当普遍。在我的成长过程中，也经常从生活困苦的邻居大婶的口中听到这些抱怨，这说明她们不相信社会或其他人会给予孩子身为人的基本待遇，以使他们顺利成长。在整个韩国的现代化进程中，这确实是一个不幸的事实。

后面也会谈到，一直以来都是韩国的家庭负责解决压缩式的现代化所带来的各种问题，迄今家庭也扮演着相同的角色。在韩国社会，长期以来都是由家庭负责社会福利的。在压缩式的现代化过程中，政府一直维持"先增长，后分配"的基本政策，把福利、教育、医疗、赡养等几乎所有社会问题都推给家庭。虽然医疗已大幅转移至社会福利领域，但至今抚养、赡养的责任仍完全由家庭承担。国家没有负起养育、保护、培养和照顾国民的责任，而是将其推卸给家庭，有时候甚至还是强制的。

在社会急剧变化而相应的社会安全网又缺失的状态下，人们要生存就必须靠家庭成员紧密团结。在韩国现代化的进程中，集体主义逐渐弱化，而以直系家庭为中心的排他性家庭主义反而变得更强大。在战争、极度贫穷、生存威胁、先增长后分配①的一贯经济政策的阴影下，"能相信的只有家人"这一家庭主义的信条变得更加稳固。

家庭兜底经济增长，又艰难地替国家解决各种问题，且长期生活困顿，本身就已经摇摇欲坠。如果再加上 IMF 外汇危机等外部冲击，家庭就很容易崩溃。所以每当经济危机的时候，"杀子自杀"的事件就会剧增。"要是没有我，我的孩子就无法好好活下去，没有人会伸出援手"，这种对社会的不信任，既是由于韩国社会没有可靠的安全网，又源自韩国社会的结构性特征，即抚养子女完全是靠父母的能力和资源。

另外还有一点需要注意，那就是"杀子自杀"的实施者

---

① 以企业和国家竞争力为优先，先追求经济增长提升收入水平，再谈福利（分配）。——译者注

绝大部分是母亲。在西方，未满一岁婴儿的杀害者很多是经历产后抑郁的母亲；但子女非幼儿者，家庭灭门的实施者大部分为男性。然而在韩国，即便子女已经度过了婴幼儿时期，父母中一方试图杀子后自杀，其中母亲也占大多数。

此外还有一项特别之处——人类学者李贤廷分析，无论时代如何变迁，在父亲杀子后自杀的案例中，最重要的原因均为"配偶出走"。[①] 2017 年 2 月，在撰写本书的时间点，发生了一起悲剧——一名 40 多岁的男性和妻子协议离婚后，杀害了年仅 9 岁和 4 岁的孩子后自杀[②]。无论是协议离婚还是离家出走，男性试图杀害子女后自杀的首要原因，均和妻子的"消失"有关。

也就是说，某些亲生母亲无法将子女的生存与自己分开；而对某些父亲而言，缺少全权承担子女抚养责任的子女的亲生母亲是一件非常痛苦的事，以致其选择杀害子女和自杀。韩国社会对母亲角色的刻板印象如此深入人心，不仅体现在个人决定自己生死的时候，甚至体现在选择子女生死的时候。

---

① 李贤廷，《从"父母与子女'结件自杀'"检视东亚地区的家庭观念》，《韩国学研究》，2012 年，第 187—227 页。
② 《40 多岁家长带年幼子女走上绝路》，韩联社，2017 年 2 月 9 日。

这相当于用最惨绝人寰的方式展现出韩国家庭扭曲的现状。而在不需要走上这种绝路的中产家庭中，女性成为母亲后也依然因背负"丧偶式育儿"的重担而苦苦挣扎。选择"杀子自杀"这种悲惨结局的母亲们，还有独自劳心费神，在职场与家庭间来回奔波却仍被嘲笑为"妈虫"[①]的中产家庭母亲们，两者看起来毫无交集，却都能在她们身上隐约地看到韩国社会的影子——家庭，特别是母亲必须扛下所有的重担。

儒家文化圈特有的家庭主义？

面对杀子自杀的人间惨剧，韩国社会却不认为这是一种暴力与犯罪，不认为是对子女人权的践踏，反倒将其称为"结伴自杀"并对此表示同情。这种浓厚的家庭主义思想，前提就是整个家庭乃命运共同体，因此父母为了负责到底，可以处置子女的性命，这点优先于杀人本身的非伦理性。韩国的家庭主义就像这样建立在父母的无限责任之上，而身在其

---

① 由英文"mom"和"虫"结合后创造的新词，原先用来贬低在公共场合不管教孩子、造成他人困扰与不便的母亲。后被广泛滥用，暗讽母亲不出去工作，是靠老公过活的吸血虫。——译者注

中的子女没有独立人格或个性。

这会是家庭主义强烈的东亚儒家文化圈共通的现象吗？在日本，民众也同样从温情角度看待父母杀害子女后自杀的事件，并称其为"亲子心中"（父母与子女"结伴自杀"）。

《幼年人类学》一书就记载了一个日本人杀子后自杀的案例，从中我们可以窥探日本民众是如何看待此类行为的。1985年，美国加利福尼亚州有一位日本女性，离异，带着4岁和6个月的两个子女跳入太平洋。最后这名女子获救，但孩子们不幸溺毙。母亲以谋杀两名孩子的罪名被诉诸法院。当时日裔美国人团体提交了一份请愿书，附带在美国和日本收到的2.5万份连署资料，请愿书上力陈该事件并非杀人事件，应属于"父母子女结伴自杀"，呼诉"她绝非怀着恶意去杀害孩子，反倒是因为深爱他们才会有此行为"。在他们看来，孩子不是仅停留在"听妈妈话的孩子"层面，而是和母亲浑然一体的存在，所以就连剥夺孩子生命的行为，都不被认为是在杀人。

有趣的是，同属儒家文化圈的日本、韩国及中国台湾、香港地区多将此类事件形容为"家人结伴自杀"，好像是全体家庭成员自发做出这个决定似的，唯独中国大陆（内地）不是如此。

在中国，几乎很少发生"杀子自杀"事件，即便发生，媒体也不像韩国或日本那样，称之为"家庭自杀"，而是使用"人伦惨案"的说法。这种行为在中国会被严格强调是杀人，同时国家也会强调子女并非父母的所有物，父母不得任意决定其生死。换句话说，在韩国与日本，"家庭"伦理位居优势地位，而在中国则以"个人"伦理为优先。[①]

针对这种差异，人类学者李贤廷是这么解释的：在当今中国，很少有人会认同"父母与子女不是单独的个体而是一个共同体"这样的观念，这源自1949年后，国家以集体为中心而非以家族或种族为中心，重建个人的生产活动和社会认同。

此外，中国是一个社会主义国家，在这种新形态的共同体关系中，子女的命运也不由父母决定。在这种背景之下，在中国社会中，父母与子女为命运共同体的观念比韩国弱得多。

李贤廷又指出，另一个原因在于核心家庭和大家庭的结构

---

① 李贤廷，《从"父母与子女'结件自杀'"检视东亚地区的家庭观念》，《韩国学研究》，2012年，第187–227页。

差异。通过20世纪20年代到50年代的统计资料来比较中日韩三国的情况，我们可以发现，一方面，当时日本和韩国的核心家庭占了八成，而中国却不到六成。以核心家庭结构为主导的日本与韩国，父母面临的危机很容易被认为是整个家庭的生存问题。另一方面，中国呈现出明显的大家族特征，核心家庭外部的关系网络异常稳固，两者相互依存。所以父母相信，即便自己不在世上，也会有某个走得近的人来照顾子女。这和韩国或日本的父母担忧子女不确定的未来，与其丢下孩子，让其孤零零的，不如一起离开人世比较好的想法形成鲜明对比。

因此，即便是同属儒家文化圈，中日韩三国人民也会因为父母是否将子女视为独立个体，以及面临危机状况时家庭之外是否有可以依靠的对象，而对"杀子自杀"这种行为产生认识上的差别。其中，在韩国社会，即使考虑到体制上的差异，这两个问题的答案也是否定的。

在韩国，杀子自杀的行为可以说是由以下三种因素共同造成的惨剧：一是社会安全网缺失；二是承担生存重担的核心家庭在陷入危机时没有能力解决；三是人们家庭主义观念浓重，导致父母与子女无法分离而造成自我混乱。

在这样的社会中，两极分化严重，一切责任都推给家庭；

在这个社会中，子女抚养几乎全部依靠核心家庭内部父母的性别分工；在这个社会中，当面临危机状况时，如果没有父母，孩子就难以作为一名正常的社会成员长大；在这个社会的最底层，有一群孩子正在失去生命。

亲权不是权利

"灰姑娘自小就失去了父母,受到继母和姐姐们的欺侮,她该哭得有多伤心啊?"

我很好奇现在大家是否还唱这首歌,所以上网搜索了一下,结果发现门户网站和YouTube(视频网站)上将它归类为童谣。但我并不确定,在现代社会每5对夫妻中就有1对是再婚家庭,他们是否仍会教导孩子唱这首歌。

继母与受虐子女的故事设定不仅出现在《灰姑娘》或《白雪公主》等西方童话中,在《蔷花红莲》①、《黄豆女红豆

---

① 韩国古典小说,作者与确切年代均不详。描述平安道铁山的座首裴武龙有两个女儿——蔷花与红莲。妻子过世后,裴武龙娶了容貌丑陋且心肠狠毒的许氏。许氏平时不仅虐待蔷花与红莲,更是栽赃给蔷花,使其走上绝路,而妹妹红莲也因过度思念姐姐而踏上不归路。——译者注

女》^① 等韩国传统童话中也是常见题材。如今的电视剧也经常将继母塑造成无恶不作的坏人角色。

即便现在再婚家庭已经相当普遍，但大家对继母的成见依然不减。寒风刺骨的 2017 年 2 月，报纸刊登了一则引起公愤的报道：继母以 7 岁继女不听话为由，用塑胶饭勺抽孩子耳光后，将她和 10 岁的哥哥一同赶出家门，由此被警方立案。相关新闻报道清一色地使用"无情的继母""现代版红豆女"等标题，刻画了一个无情的继母形象。但在阅读报道的过程中，我又不禁哑然失笑，和继母一起对孩子施暴的亲生父亲明明也被立了案，却没有一则新闻的标题写夫妻同时被立案。我又顺势到综合新闻数据库 KINDS 进行检索，发现涉及该事件的 15 则新闻报道中，将"继母和生父被立案"放入标题的报道只有一则。

当某个儿童受虐致死事件与继母有关时，媒体必会称之为"××继母事件"。比如，2016 年年初的平泽继母事件，再往前有 2013 年的蔚山继母事件和漆谷继母事件等。蔚山继

---

① 韩国版《灰姑娘》。黄豆女美丽又心地善良，出生后不到百日，母亲便离世。而继母与前夫生的女儿红豆女长相难看且心眼坏，总是挑拨黄豆女与父亲的感情，导致父亲开始虐待黄豆女。故事讲述了经过很多事情后，善良的人总是有好结果的道理。——译者注

母事件的起因是对想去郊游的孩子施暴致其死亡，而漆谷继母事件则是对 8 岁继女施暴致其死亡后，再栽赃到 12 岁的姐姐身上。当这些事件的真相大白于天下后，公众更是怒火中烧。"假如是自己怀胎十月生下来的孩子，她们还会那样做吗？"在这种情绪之中，人们预设了"如果是亲生母亲，就不会有此行为"的前提，然而现实中亲生母亲残酷虐待孩子的案例比比皆是。

媒体绘声绘色地描写继母各种残忍的行为，使得在再婚家庭中抚养非亲生子女的女性受到了伤害，而大家对这种类型的家庭的偏见也随之增大。在调查蔚山儿童受虐致死事件时，我曾数次呼吁媒体不要称其为"继母虐童事件"，但仍未见成效。

继母更常虐待孩子吗？

媒体老是将继母刻画成虐待儿童的实施者，因此中央儿童保护机构和政府出面强调，大多数虐待行为其实来自亲生父母。根据中央儿童保护机构的统计资料，2016 年的虐童实施者中有 76.3%（14 158 人）为亲生父母，超过了总人数的

3/4。这个比例每年都大同小异。而在被举报的虐童实施者中，亲生父母也占了绝大多数。

但其实这个数据并不包含样本的大小及虐待行为者所占比例的相关信息，因此，若依此判定一般亲生父母更常虐待孩子，不免太过武断。若考虑到再婚家庭约占所有婚姻家庭的两成，那么亲生父母和继父母虐待孩子的频率并无太大区别。若想得到更精确的结果，我们应该比较全体亲生父母和继父母中虐童实施者所占的比重，当然，这需要长期的统计数据。

不过，我仍要指出一个也许会让追求政治正确的人感到不快但仍须深入探讨的现象，那就是继父母虐童的现象确实很频繁。

发展心理学家全中焕在《本性即是解答》一书中，介绍了加拿大的发展心理学家针对1974—1990年杀害婴儿事件的分析结果。据调查，在亲生父母家庭中成长的5岁以下的孩子中，每百万人就有2.6人遭生父杀害；而在继父母家庭中成长的同一年龄层的孩子中，这个数据是321.6人。后者比前者高出120多倍。如果单纯比较该调查中的这两个数据，那么在亲生父母家庭成长的2 830万孩子中有约74人遭到杀害，而在继父母家庭成长的17万孩子中约有55人失去生命。

单就实施者的数量，我们可以看到，亲生父母杀害子女的人数较多，但显然无法断定他们就比继父母危险。

在提到这项结果的同时，全中焕也写道："这并不是想给大多数善良的继父母贴上潜在虐童实施者的标签，就好像年轻男性在暴力犯罪者中占大多数，但也不能因此就将所有年轻男性当成潜在犯罪者一样。"

在韩国国内，不曾有过类似的研究。无论是指责继父母为虐童实施者，抑或是反驳此观点，从道德角度去评价这一群体本身就是危险且暴力的。这才是问题的关键所在。

不管是亲生父母还是继父母，只要有虐待孩子的行为，就应该接受相同的处罚。在我看来，首先，比起家庭形态，虐童和社会环境有着更密切的关联。根据中央儿童保护机构的统计资料，虐待实施者最常见的特征为"缺乏育儿知识和技能"，其次为"压力、社会孤立、经济原因"，这意味着即便孩子已经出生，但仍有许多人不懂得如何为人父母，当经济碰上困难或社会孤立等原因造成压力加剧时，他们就很可能实行虐待行为。

在虐童案中，比起追究实施者到底是亲生父母还是继父母，我们更应该关注的是，最常发生儿童虐待事件的地方就是孩子生活的家。2016 年被判定为虐童的 18 573 起案件中，约有 80.7%（14 981 件）的虐待发生在孩子们生活的家庭中。这个数据更具有重要性，因为它意味着与孩子们一同生活在家中的监护人和亲权人，是最可能虐待孩子的人。

即便是继父母，在面对因接到虐待举报而前往调查的协调员和警察时，也同样会以"这是我的子女，我爱怎么养就怎么养，关你们什么事"的说法拒绝接受调查。

因此，问题的重点并非是否为亲生父母，而在于亲权。只要通过收养手续，继父母也能成为孩子的亲权人。当抚养孩子的父母打着亲权的旗号拒绝外部介入时，外部就没有足够的权限去介入，这才是问题。那些所谓的"因为是继母所以才如此狠毒""亲生父母更经常虐待孩子"等说法，都和儿童虐待问题的本质毫无关系。

过于强势的亲权

在处理儿童遭虐待的事件时，最大的绊脚石即父母的亲权。父母对自己生下的子女拥有抚养权，这是天赋的自然权，也是理所当然的基本权，而问题就出在当父母无法妥善抚养和保护子女，家对于孩子来说不再是一个安全的地方时，孩子自身的权利又该如何保护呢？

《联合国儿童权利公约》规定，遇到此种情况时，国家必须介入。孩子在原生家庭中和亲生父母一同生活的权利必须得到最优先的保障，但若亲生父母对孩子有害，孩子和父母分开被认为更安全且生活质量能得到提高时，国家必须有将两者分开的制度。这就是国家的儿童保护制度。

然而，韩国的儿童保护制度碰到亲权的壁垒，在很多情况下都无法发挥作用。2016 年 1 月，国家人权委员会发布了针对儿童虐待的跟踪调查结果，其中指出亲权造成了一个人权的真空地带，这是导致虐待事件难以处理的危险因素之一。

举例来说，国家针对受到父母虐待的孩子采取紧急保护措施，让他们从家里搬出来到社会福利机构生活，他们可以从国家领取衣食等费用的补助。问题就出在，领取补助就必须开设账户，若用未成年人的名义开户，就须获得亲权人也就是父母的同意。这些父母既然有虐童的行为，又被强制与孩子分离，自然不会乖乖地同意。他们通常不同意，或是借机索要钱财，甚至在开户后擅自提取资金，但因为他们是亲权人，所以谁也没有办法阻止。

　　不只是受虐儿童，大多被托付给福利机构、寄养家庭的孩子都有自己的亲生父母。当照顾孩子的寄养家庭想替孩子开户或办手机卡时，他们会因为不是亲权人而无法办理。在无计可施的情况下，寄养家庭的父母最终只能以自己的名义办手机卡给孩子使用。

　　我在民间团体工作时，曾听说有寄养家庭想带孩子出国旅行，但因为无法办护照，最后导致全家出国旅行的计划泡汤。虽然现在情况多少有些改善，孩子可以办理一次性护照，但若没有亲权人的同意，他们依然无法办理长期护照。另外，寄养家庭的孩子转学会遇到困难，升学时也有诸多不便。更有甚者，因高考时无法提供家庭关系证明，最后导致孩子落榜①。

　　受亲权影响而处处受限的不只寄养家庭，与子女一起生活却并非亲权人的单亲父母也一样。他们不仅无法亲自领取入学通知单，而且带孩子去医院看病和申领护照也是困难重重，能做的只有管孩子吃饭和哄孩子睡觉而已。②

---

　　① 金里安，《为什么和爸爸姓氏不同？孩子和寄养家庭的父母均不知所措》，《文化日报》，2016 年 5 月 3 日。
　　② 《60 万单亲父母时代，政府如何应对？》，韩联社新闻台，2016 年 3 月 22 日。

此外，每年的春季学期，所有学校都会实施学生情绪行为特性检查，结果显示，每年韩国有将近1万名学生属于"自杀高危人群"。在这种情况下，学校必须委托专业机构进行第二次检查，但若身为亲权人的父母拒绝，这一检查就无法实施。而他们极力拒绝的理由是，"去精神科问询或治疗的事要是传出去，就会被当成奇怪的人"。因此有人指出，为了能够迅速地对高危人群学生进行介入与治疗，亲权必须受到限制。①

父母因虐待而被强制和子女分开，这也只是暂时而非永久的。儿童保护机构的终极目标是尽可能地改善实施虐待的父母的态度，以使孩子们能够继续和父母一同生活。然而，当救助机构的孩子被送回家后，若父母丝毫不见悔改迹象，机构确实也没有合适的制裁方法。

儿童保护机构的协调员在工作中遇到的最困难的事情之一，就是在接到虐待举报出动后，必须亲自和孩子面谈，父母却强硬表示，如果自己无法陪同，就不允许他们对孩子进行调查。在父母陪同的情况下，有哪个孩子会一五一十地道

---

① 申闵宰，《儿女出现自杀念头，父母却阻止他们接受治疗》，韩联社，2016年3月22日。

出被父母虐待的事实呢？父母不愿配合并加以阻挠，那么儿童保护机构和警方就难以找到可疑之处，这时孩子的处境会更加危险，可能会遭受更多虐待。

2014 年 9 月《儿童虐待犯罪处罚相关的特例法》实施后，警察或儿童保护机构判断孩子有危险时可以暂时不受亲权的约束，无论父母是否同意，都可以将孩子隔离以采取紧急保护措施。但若孩子没有明显的可见外伤，临时措施实施起来依然有难度，再加上手续烦琐，经常超过 72 小时的时限，这样一来，孩子就很可能会遭受二次虐待。

对亲权的不同看法

亲权是父母保护并教养子女的义务，而非处分子女的权利。然而，韩国社会却过度解读并扩大了亲权的范围。法律上的亲权强调的是"保护和教养子女的义务"，当作为亲权人的父母对该义务有所疏忽时，其亲权就会被剥夺。

事实上，国家公权力介入亲权是相当敏感的问题。从传统家庭关系来看，父母和子女的关系属于伦理和个人生活领域。如何看待这种关系，国家可以介入到何种程度，这取决于所在社会的价值观。

不同的社会，其观点自然会有所不同。关于这个话题，李庆恩博士曾进行过一次有意思的比较。她以"国际法对国际收养儿童的权利保护"为主题，通过比较澳大利亚与韩国的不同判决，展现出不同社会对亲权的不同观点。[①]

澳大利亚的判决案例发生在1992年，当时父母要求14岁的智力障碍少女玛丽接受结扎手术，是由大法院所做出的判决。而韩国的判决案例则是父母出于宗教信仰，拒绝让新生儿输血，于是医院提请临时禁令，要求父母不得妨碍医疗团队的输血行为，由东部地方法院做出判决。两个孩子均无法表达自身意愿，那么在此情况下，应该遵照作为亲权人的父母所做的决定吗？

在这两个案例中，法院的判决截然不同。澳大利亚的大法院认为，即便是身为亲权人的父母也不能任意做决定，而必须由国家决定。当时大法院在各领域的专家参与讨论的基础上，决定由法院根据"儿童最大利益原则"进行判决。

另一方面，韩国法院也接受了医疗团队关于临时禁令的

---

① 李庆恩，《儿童权利公约中儿童利益最大化的法理与韩国的儿童保护法律制度》，《立法与政策》8（2），2016年，第193—219页。

申请，却和澳大利亚的判决有着天壤之别。李博士在论文中提到，"韩国法院判决的初衷在于，身为亲权人的父母可以做决定，但决定的内容是错误的"。换句话说，澳大利亚法院的判决认为"儿童利益最大化原则"的判断主体是国家；而韩国法院却认为是父母，只是他们的判断出了错。

结果如何？在韩国法院做出判决后，父母便决定转院，最终孩子在一周后死亡，令人扼腕痛惜。倘若能像澳大利亚一样，明确儿童最大利益的判断主体是国家而非父母，对亲权加以限制，并下达输血的命令，悲剧也许就不会发生了。若是如此，无论去哪一家医院，父母都无法阻碍输血行为。我们甚至可以说，就是因为国家无法限制权限过大的亲权，才没能阻止孩子死亡的悲剧。

亲权并非父母的权利，而是义务

随着儿童受虐致死事件近来成为备受瞩目的话题，检方提请法院终止亲权，而法院如是判决的案例也比以前多了不少。2015年年末，仁川一名12岁少女沿天然气管道逃脱后，法院判决终止其生父的亲权；2016年的富川小学生尸体损毁事件中，其父母也被判亲权终止。

1991 年制定的《家事诉讼法》也将在 26 年后迎来全面修订，大幅增加体现儿童权利的内容。[①]该修订案在立法目的和理念上新增"未成年子女的福利保护"，在审判过程中导入手续辅助人制度，并制定了帮助未成年子女的方案。现行法规定，在离婚等情况下指定子女的亲权人与养育人时，不必听取未满 13 岁子女的意见，但若修订案经由国会通过并实施，在同样的条件下，即便子女未满 13 岁，也必须听取他们的意见。

最能体现出"亲权不是权利而是义务"的制度，就是 2007 年欧洲家庭法委员会制定的《欧盟亲权法原则》(*principles of European Family Law Regarding Parental Responsibilities*)。从题目就可以看出，它的用词是"父母的义务"(parental responsibilities)，而非"父母的权利"(parental rights)，这意味着该原则将亲权的重点放在义务上，而非权利上。[②]

---

① 朴美英，《家事诉讼法全面修订，强化未成年子女权利》，《法律新闻》，2017 年 3 月 27 日。

② 朴成昊，《欧盟亲权法原则与韩国亲权法的比较研究》，《法学论稿》4，2013 年，第 219—246 页。

《欧盟亲权法原则》规定，维系与子女间情感的交流是父母应尽的义务之一，还规定即便不是直接对孩子施暴，而是对配偶施暴，也会丧失亲权，这不禁让人眼前一亮。而在日本，对配偶的暴力被解读为"会对子女的身心成长、人格养成造成重大影响"，属于儿童虐待的一种，可见保护孩子免受暴力的范围呈现扩大的趋势。[①]

过去的亲权如同人支配物品，就是父母对子女的支配权。孩子不是权利的主体，仅仅是父母权利的客体。相较于过去亲权仅被看作一种权利，如今民法的条款中将其定义为"保护、教养子女的权利与义务"，这种"既是权利，也是义务"的观点，确实有了长足的进步。

然而，正如前面所谈到的，在我们这个社会，别说是保护孩子了，亲权不侵害孩子权利的情况能少些就不错了。家庭要保护隶属其中的每个人，尤其是保护孩子应有的权利和平等，就需要公权力发挥更多的作用，让"亲权是一种义务"的观念落地生根。

---

① 李仁俊，《体罚合理化的社会氛围，一半的父母认为"威胁不是暴力"》，韩国纽西斯新闻社，2016年10月3日。

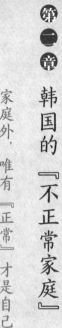

第二章 韩国的『不正常家庭』

家庭外，唯有『正常』才是自己人

为什么只有未婚妈妈，没有未婚爸爸？

▼
▼

在韩国，一方面大家对低生育率忧心忡忡，另一方面却三天两头就有新生儿被遗弃。仅 2016 年，就有 302 名新生儿被遗弃在街上、弃婴收容箱①、停车场甚至垃圾场。

根据警方的统计资料，2011 年至 2016 年的弃婴数量为 717 名。而从 2013 年年末开始，把孩子遗弃在收容箱免于刑事立案，如果把这一数据也加上，那么这段时间韩国的弃婴数量多达 1 401 名，比警方的统计数据多了将近一倍。② 如果再加上韩国保健福祉部统计的遗弃儿童数据，那么总数定会大幅增加。

---

① 弃婴收容箱是韩国主爱共同体教会牧师李钟落于 2009 年 12 月专为收容弃婴而在教会门口设置的收容箱。——译者注

② 林珠言，《最令人伤感的犯罪：不被祝福的生命，1 年有 302 个婴儿被抛弃》，《国民日报》，2017 年 4 月 10 日。

是谁？他们为什么要抛弃孩子？在 2011 年到 2016 年警方立案的弃婴案中，嫌疑人 79.3% 为女性，据推测，她们大部分是未婚妈妈。《国民日报》曾报道，放置在弃婴收容箱中的信件，100 封中有 63 封来自未婚妈妈。①

一名走投无路的未婚妈妈遗弃了自己的孩子，事后只有女性因遗弃婴儿受到了惩罚，这是因为现行法律只惩罚抛弃孩子行为的实施者。而当女方告知男方自己怀孕的事实，请求帮助时，她却遭对方拒绝，导致女方遗弃孩子时，男方也没有法律上的责任。孩子的诞生，明明是男女双方共同的责任，为什么将所有责任都推到女性身上呢？

新闻报道弃婴事件时，标题几乎都会被冠以"无情的母爱"这种措辞。2017 年 1 月，韩联社一篇弃婴报道的标题就是"全年弃婴 100 多……无知又无情的母爱"。4 月，韩联社又刊登了题为《生活困顿，无情母亲遗弃三名新生儿》的报道。在这类报道的留言区，我们总能看到许多人指责未婚妈妈冷漠无情，漠视生命，并感叹她们的性行为过于放纵。然而，事实果真如此吗？面对一个生命，难道未婚妈妈的责任

---

① 林珠言，《最令人伤感的犯罪：不被祝福的生命，1 年有 302 个婴儿被抛弃》，《国民日报》，2017 年 4 月 10 日。

意识就如此淡薄？在指责无情的母亲抛弃婴儿之前，难道不该先追究谁才是抛弃孩子的"主犯"吗？

被"正常家庭"逐出家门的未婚妈妈

虽说韩国社会的家庭形态逐渐多样化，但将未婚妈妈与其子女视为"不正常"并加以蔑视的文化一如既往。这是因为韩国社会中的家庭主义依然举足轻重，在婚姻制度框架内生育才会被认可。

如今，社会对于婚前性行为的态度改变了很多。根据2016年11月统计厅发表的《2016年社会调查》，约有一半（48%）的民众赞成婚前同居。关于婚前同居可能造成的结果，最先让人联想到的就是怀孕。然而，韩国社会至今仍对未婚先孕及未婚产子抱以敌视态度。在统计厅的调查中，有75.8%的人反对非婚生育。即便社会对婚前性行为的态度已变得十分宽容，但对生育与家庭依然严苛，而未婚妈妈作为社会的"异类"，自然会引起社会的反感。

对这种"异类"的排斥，并不仅限于非婚生育。一项对少数群体的歧视调查结果显示，民众对同性恋者的歧视比例最高，其次为未婚妈妈。[①] 在"能否接受家人或亲朋好友的结婚对象中有这些人"的问题调查中，对未婚妈妈的排斥感也仅次于同性恋者，比曾经同居过或离婚有小孩的女性受到的歧视程度更高。

我认为未婚妈妈之所以不选择抚养孩子，反而抛弃孩子，第一个原因在于韩国的家庭主义规定，生育唯有发生在家长制的家庭制度内才属正常，倘若脱离此范围，便是"不正常"和"不道德"。

韩国的家庭主义是一种仅认可所谓的"正常家庭"的家长制家庭观念。未经过法定婚姻程序的怀孕、生育与抚养，几乎得不到社会的保护与认可。"结婚＝生育"的观念太过根深蒂固，使得制度外的生育行为被视为有损家庭的纯洁性，从而导致未婚妈妈与其子女受到制度与社会的歧视。

一直以来，这种根深蒂固的"正常家庭"观念在未婚妈妈的身上打下了"罪人"的烙印，造成许多非婚生子女被送养至国外。大多数人以为跨国收养发生在朝鲜战争后，那些无家可归的战争孤儿被大量送养至发达国家。其实发生跨国

---

① 金惠英，《社会对未婚妈妈的歧视与排斥》，《性别与文化》6(1)，2013年，第7—41页。

收养事件最多的时期是 20 世纪 80 年代，也就是韩国经济高速发展的时候，其中大多数是非婚生子女。原因是随着现代化的进程，由"婚后夫妻与子女"组成的家庭成了"正常家庭"的范本，而其他家庭均被视为"不正常"。近年来，尽管韩国国内收养多于国际收养，但情况也没有太大改变。2016年，被收养的 880 个孩子（包括韩国国内收养和跨国收养），有 92% 是非婚生子女。

非婚生子女被大批送养的情况并非只发生在韩国，西欧也曾经发生过。西欧资本主义工业化最为鼎盛之时，就有一大批非婚生子女通过收养，被重新分配到中产阶级的家庭中。

20 世纪 40 年代到 80 年代，美国、新西兰、澳大利亚等地以"原住民子女是低等人种""未婚妈妈的孩子是不道德的"为由，强制将孩子与亲生父母分开，并将大批孩子送至白人中产阶级家庭收养。这种硬生生将孩子从原生家庭中剥离的行为，就像是挖冰激凌球一般，因此被称为"挖婴儿时代"（baby scoop era）。

强制送养非婚生子女，主要发生在核心家庭在西欧资本主义国家逐渐占据主流的时期。由于婚姻制度内的受孕与生育才被认为是合法的，未婚妈妈独自抚养根本不在考虑范围，送养就成为唯一选择。

后来，随着女权运动的兴起，人们对性与婚姻的认知发生了变化，在许多西欧国家，未婚妈妈独自抚养小孩变成稀松平常的事，但过去强制送养所造成的伤痕，即便时间过去再久也难以抚平。2013年3月，澳大利亚政府对"强制将母亲与孩子分离的政策和惯例，造成他们一辈子的伤痛"，以及有许多人必须承受无穷无尽的痛苦、身份认同的困境与失落感，进行了公开道歉。[①] 但在韩国，没有人出面道歉，只给未婚妈妈与被送养至海外的孩子留下了长久的痛苦。

家人的冷眼相待与未婚爸爸的"失踪"

令人疑惑的是，在家庭主义文化如此强势的前提下，当女儿未婚产子时，大多数父母却选择将女儿逐出家门。既然家庭如此重要，那么对此应该更加包容才对，但事实并非如此。

当自家的女儿未婚先孕，许多父母不是想着保护女儿，

---

① https://www.ag.gov.au/About/ForcedAdoptionsApology/Pages/default.aspx.

反倒将其视为家门的耻辱，怂恿其堕胎或将孩子送养。对早已将家庭主义价值观奉为金科玉律的老一代父母而言，女儿成为未婚妈妈这样的消息犹如晴天霹雳。这不仅因为该行为违反了社会对性的规范，还在于它打破了"唯有在家庭内生育才成立"的家庭主义价值观，对原有家庭造成了莫大的冲击。

根据对原生家庭对未婚先孕的反应的调查结果，生产前规劝堕胎的比例最高，占38.2%；生产后则以规劝送养为主，占35%。多数未婚妈妈会和自己的父亲关系恶化，2010年的调查结果显示，选择抚养孩子的未婚妈妈，四人中就有一人和父亲完全断绝关系。有些人是因为父母对此强烈地排斥，也有些是因为受害者意识作祟，不能让他人知道自己的存在，万一传出去，家人在邻居那里会变得很难堪。

有趣的是，尽管在遇到紧急状况时，未婚妈妈还是最先向家人求助，但在精神上给予安慰或建议最多的人却是朋友，占34.4%。也就是说，物质上靠家人，精神上靠朋友。该研究的作者金惠英指出，这反映了由于家庭主义的工具性倾向，韩国的家庭内缺乏沟通与亲密交流的现实。①

　　然而，在未婚妈妈独自承受痛苦的同时，未婚爸爸去哪里了？韩国未婚妈妈援助网的负责人朴英美表示，得知女方怀孕的消息后，约有一半的未婚爸爸会否定该事实或隐藏消息。未婚爸爸或其家人会轻易地将未出生的子女的相关权利转移到未婚妈妈身上，或者否定亲子关系。一旦迈出"家庭制度"的囹圄，那个坚若磐石的家庭主义瞬间分崩离析。

　　就连同意把孩子生下来的未婚爸爸，也常在女方生产后与女方断绝来往或逃避责任。没有人向未婚爸爸追究责任。对于女性而言，性行为会带来怀孕、生育、育儿等一连串的烦恼；对于男性来说，性行为很多情况下只是欲望而已。

　　这种不平衡不禁让人觉得，韩国的家庭主义真是让男性方便的家庭主义。根据未婚妈妈援助网2016年的研究，未婚妈妈和未婚爸爸完全断绝往来的占78%，而从未婚爸爸那里拿到抚养费的仅占9.4%。

　　虽然女性可以打官司确认亲子关系，并要求对方支付抚养费，但很多未婚妈妈担心这样做会失去孩子，早早地就放

---

　　① 金惠英，《社会对未婚妈妈的歧视与排斥》，《性别与文化》6(1)，2013年，第7—41页。

弃了。即使抚养费宣判下来后还有管理员监督其执行情况，但韩国依然没有强制对方支付抚养费的手段。

社会对未婚妈妈的歧视

尽管越来越多的未婚妈妈选择突破各种难关，将孩子生下来并亲自抚养，但社会对未婚妈妈的歧视依然不容小觑。

对于年幼的怀孕少女而言，中断学业成为必然。根据韩国青少年政策研究院的调查，青少年单亲家长中，有66.4%（以2013年为基准）的人中断学业。大部分青少年单亲家长，很难在抚养孩子、独自维持生计的情况下还能兼顾学业。

至于成年的未婚孕妇，则担心遭到解雇或受到社会歧视，通常会在怀孕5～6个月时自行辞职。根据韩国女性政策研究院的调查结果，有93%（以2009年为基准）的未婚妈妈会在孕期辞掉当时的工作。而在差不多的时间点，统计厅一项对已婚女性的调查结果显示，中断工作的比例为19.3%（以2011年为基准），两者相差了3倍以上。[1]

---

[1] 沈秀莲，《采访后：未婚妈妈身上的烙印，"我自己养孩子"》，KBS，2015年7月1日。

在 2017 年 5 月召开的未婚妈妈日研讨会中，大邱未婚妈妈家庭协会的代表金恩熙指出："韩国劳动市场对不当解雇未婚孕妇早已见怪不怪了，甚至认为这是理所当然的。"

韩国的未婚孕妇同时受到社会与家人的歧视和排斥，在遭到不当解雇后，很难解决基本的衣食住行问题，这成为威胁腹中胎儿生命的直接因素。但 73% 的女性劳动者为非正式员工，因此，即便以怀孕为由遭到解雇，她们也很难证明解雇的不正当性。

金代表还表示："即便跑到她们的原雇主那里抗议不当解雇未婚孕妇，那里也不过是个五人以下的小公司罢了，心心念念的是用最低薪资榨取最多的劳动力。"即便当事人好不容易下定决心要只身抚养孩子，但别说是产假了，一旦未婚妈妈的身份被曝光，十有八九会遭受露骨的性骚扰或解雇的威胁。

内心不安的未婚孕妇，会根据自身获得的信息做出不同选择。2014 年，同事为了调查为未婚妈妈提供信息的现状，谎称自己是未婚孕妇，致电中央政府和地方政府的服务热线，结果对方不仅没有提供孕期危机、生育、抚养等相关信息，反而突然介绍起由收养机构所运营的未婚妈妈之家。

2014年1月，独自生下女儿的智慧（化名）成为一名未婚妈妈，家人早就与她断绝了来往，她把出生不到一周的孩子放在了弃婴收容箱，两天后实在是于心不忍，又将孩子带回，之后重返大学并独自抚养孩子。她表示："许多女性是在毫无准备的情况下成为妈妈的，希望相关团体在为准妈妈提供援助信息时，能讲得更浅显易懂些。"因为当事人会根据取得的信息来决定抚养或放弃孩子。

大邱未婚妈妈家庭协会正在进行一个为未婚孕妇提供"孕产包"的活动，里面装有生育相关阅读材料与物品。金恩熙代表表示，该活动的申请者以十几岁的未婚孕妇居多，申请时需要进行简单的问询，当被问及"通过哪些渠道为顺利生产和养育做准备"时，她们大多回答"通过同龄人的论坛"，没有一个人说国家提供相关信息来助力顺利生产。

当被问及如何生活时，她们表示会把肚子绑起来去打零工，或者瞒着父母。直到肚子再也藏不住时，她们就会遭到解雇，或不能接受父母强制送养的要求而离家出走，在友人家中撑些日子，直到被赶出去为止。

我们迫切地需要一个类似于热线的服务机构，能够在未婚妈妈怀孕阶段提供相关信息，包括未婚妈妈可以得到的援助、相关政策等，并能提供保密的咨询服务。然而，至今仍未有这样的机构。

针对无法找到工作、低收入的未婚妈妈，政府又提供了什么样的援助呢？政府每个月会给独自抚养孩子（未满13周岁）的未婚妈妈提供12万韩元（未婚妈妈未成年时是17万韩元）的子女抚养费。

假设未婚妈妈放弃亲自抚养，而是选择其他养育方案，那么又是什么情况呢？如果是送去收养，收养家庭则可以获得收养手续费270万韩元的补助，孩子满14周岁前每个月15万韩元的养育津贴、20万韩元的心理治疗费及全额医疗补助。若是送到寄养家庭或抚养机构，根据2015年保健福祉部的《代替抚养制度中抚养费调查研究》，政府会提供给寄养家庭每个月66.7万韩元，共同生活家庭每个月128万多韩元，社会抚养机构每个月160多万韩元的补助。

其中给社会抚养机构的补助中，包含一部分人工费用，因此无法简单地进行横向比较，但不管是哪种情况，与抛弃孩子相比，亲自抚养所获得的政府补助都是最少的。而且一旦未婚妈妈符合领取最低生活保障金的标准，这项福利就会被取消，因为不能同时领取最低生活保障金和子女抚养费。

包括 2009 年联合国大会决议在内的国际人权规范均规定，将孩子与家庭分离，应为尝试所有方法后的最后手段。为何在韩国社会，代替抚养的人能比亲自抚养的未婚妈妈获得更多的补助呢？倘若能将机构获得的补助，哪怕是一部分转移到亲自抚养孩子的未婚妈妈身上，那么放弃抚养的未婚妈妈不就会大幅减少了吗？

2016 年，在大邱某收养家庭发生了 3 岁女孩恩菲（化名）受虐致死的事件，反映出孤立无援的未婚妈妈走投无路的凄凉境地。该事件发生时，国会议员、民间团体也曾自发地组成真相调查委员会，而在委员会的成立筹备会议上，我听到有关恩菲生母的故事，感到十分心痛，久久难以忘怀。

恩菲的生母在 17 岁时成了未婚妈妈，由于必须独自维持生计及准备高中毕业考试，所以她的女儿一天 24 小时都得在托育中心度过。庞大的保育费开支让恩菲的生母难以为继，只能将女儿托付给不需要费用的孤儿院。恩菲的生母本身也是由外婆抚养长大的，所以对女儿在孤儿院长大感到很痛心。这时身边的人告诉她，如果让别人收养孩子，孩子就能在家庭中幸福成长，她这才下定决心送养孩子。而最后，回到她身边的却是女儿冰冷的尸体。

如果恩菲的妈妈能够获得社会的援手，从而得以一边抚养孩子，一边准备高中毕业考试，且不用为生计发愁；如果政府等公共机构能够了解恩菲妈妈的育儿困境，提供协助抚养的相关信息，让她至少在考试前能把孩子托付给寄养家庭这样的地方，那么恩菲的妈妈还会做出放弃抚养女儿的决定吗？

在这个促使母亲抛弃孩子的社会中，我们仍能说未婚妈妈是抛弃孩子的"主犯"吗？我倒认为韩国的家庭主义嫌疑更大。这种主义强调所谓的"正常家庭"以外的其他人生都是错误的，并加以歧视和排斥，甚至威胁当事人的受教育权和工作权。

未婚妈妈的权利即儿童的人权

从儿童人权的观点来看，保障未婚妈妈的权利并向其提供援助也刻不容缓。不能歧视他人的原则适用于所有人，唯独涉及儿童人权时，这个非歧视原则有些不同。与成人不同，孩子生性柔弱，在其人权的问题上，对父母地位的歧视就是对孩子的歧视。因此，对未婚妈妈的歧视也就是对其子女的歧视。联合国儿童权利委员会一直提醒韩国政府，对青少年未婚妈妈的歧视会很快演变成对其子女的歧视，同时该委员会也指出，父母在法律上的地位会对孩子上户口造成影响，这也是对孩子的一种歧视。

就算是为了保护孩子的人权，不管是出身于未婚妈妈的家庭，还是出身于收养家庭、再婚家庭，抑或是同性家庭，对于在所有家庭内成长的孩子所享有的福利与权利，以及提供给抚养者的补助，应该一视同仁，不得有任何歧视。

联系到最近经常被提及的低生育率，消除对未婚妈妈的歧视也迫在眉睫。高生育率与低生育率的国家之间，最大的差距在于非婚生育的比例。韩国的非婚生子女的比例处于全球最低水平。根据 2014 年经济合作与发展组织的调查，法国、瑞典等国的非婚生育比例超过整体生育数的一半，而韩国只有 1.9%，是调查的 42 个国家和地区中最低的。

基本上，韩国、日本（2.3%）、土耳其（11.8%）等非婚生育比例较低的国家，其生育率也很低。相反，非婚生育比例超过整体一半的法国（56.7%），其总和生育率[1]为 1.98%，达到经济合作与发展组织的最高水平；非婚生

---

[1] 妇女在育龄期间，每个妇女平均的生育子女数。——译者注

育比例高的智利、冰岛、挪威，其总和生育率也维持在1.7%～1.9%，超过了经济合作与发展组织的平均（1.68%）水平。原因在于这些国家并不歧视非婚生育，提供的抚养援助政策也很中立，不涉及道德批判。此外，相较父母完整的家庭，未婚妈妈难免因工作与育儿双线作战而处于劣势，为避免她们陷入贫困，政府也为其提供了职业教育与培训服务，并保障其优先获得保育服务。①

如今，许多国家在经历超低生育率后，逐渐改变了原先的育儿由家庭负责的观点，而将育儿看作一种社会投资。为此，国家对家庭福利的介入与分担也呈现加强趋势。韩国社会对养育孩子的未婚妈妈的关注与支持也刻不容缓，包括向未婚孕妇提供相应的信息，扩大育儿援助与协助解决居住问题，让她们能够顺利育儿和求职，并消除制度和社会上对未婚妈妈的歧视等。韩国未婚妈妈援助网的负责人朴英美表示："近年来不婚族和丁克家庭不断增加，如果结婚不能带来生育，政府就需要制定政策，把生育与养育联系起来。"

2015年人口普查结果显示，韩国未婚妈妈有24 487人，

---

① 辛成植等，《守住5000万人口：唯有打破"未婚妈妈＝不道德"的偏见，给予一般家庭的待遇和权利》，《中央日报》，2016年10月24日。

加上未婚爸爸 10 601 人，合计 35 088 人。这是韩国首个针对未婚妈妈的统计数据，先前连这种调查都没有。这也是未婚妈妈社会团体一直以来坚持"没有统计数据，就没有政策"的方针，向政府喊话将未婚父母纳入统计数据的成果。

值得庆幸的是，最近选择抚养孩子的未婚妈妈数呈现上升趋势。根据一项调查的数据，81.8% 的未婚妈妈表示，在育儿过程中，自己的身心也获得了成长，即便历经千辛万苦，但从不曾想过放弃孩子。这可以看作韩国家庭文化变化的主要动因，推动社会朝着"家庭构成多元化，生活方式多样化，多种生活方式共存"的方向前进。正是基于这一点，专家们一致认为，社会上对未婚妈妈的关注与援助是极为重要的。[①]

不过，在此我还有一个顾虑，那就是我们提倡孩子应该在原生家庭成长，以及强调扩大社会对未婚妈妈的育儿援助，并不是说孩子必须无条件地由亲生母亲抚养，不能演变成强调血缘关系或对母性充满幻想。

如果仅仅是为了"血缘"而强调在制度上对未婚妈妈进行援助，那么这种认知反而可能会强化对"正常家庭"外家

---

① 金惠英，《社会对未婚妈妈的歧视与排斥》，《性别与文化》6(1)，2013年，第7—41页。

庭的偏见，有可能会使"血缘强迫症"愈演愈烈，认为无法抚养孩子的未婚妈妈是抛弃亲生骨肉的人，或因认为继父母和养父母抚养的是别人的子女而加以歧视。

重点并不在于孩子由亲生妈妈抚养更好，还是被收养更好，而是女性必须能自主选择生育与抚养。就像其他社会成员一样，未婚妈妈也要有选项，选择一个对自己与孩子最好的选项。要达成这一目标，政府就必须修订与婚姻相关的法律制度，让多元化家庭不再是纸上谈兵，而是在现实生活中也能不受歧视，做到和谐共存，同时也要促进社会对女性养育权与儿童人权等话题的广泛讨论。

特别说明

在本章中，我一直使用"未婚妈妈"一词，但实际上我认为这个词并不恰当，因为"未婚"包含"尚未结婚"的意思，仍是被局限在正常家庭观念中的用词。在写作过程中，我曾想是否该改成"不婚妈妈"，但经过一番冥思苦想后仍选用"未婚妈妈"。目前主张消除歧视未婚妈妈的运动发起人也使用"未婚妈妈"一词，所以我想应该和他们保持一致。

过去我曾询问一位发起人，为何坚持使用"未婚妈妈"一词。得到的回答是，称她们为"不婚妈妈"好像没什么问题，这其实掩盖了现实。因为大家一听到"不婚妈妈"，很容易联想到某知名媒体人自行决定要生下孩子,这与未婚妈妈饱受歧视与偏见的现实背道而驰。尽管为了凸显歧视的现状,选用带有偏见的用词也不是一个好选择,但在能更准确地反映现实状况和本质的用词出现之前,本书暂时采用"未婚妈妈"一词。

收养，被输出到"正常家庭"的孩子

1. 3 岁的贤秀因先天愚钝而遭亲生父母遗弃，但在寄养家庭被照顾 3 年后，贤秀开始有了说话能力。2013 年 10 月，他被人收养至美国，四个月后，也就是 2014 年的 2 月，被养父施暴致死。2015 年，海军陆战队出身的公务员养父，以一级儿童虐待罪被判 12 年有期徒刑。2017 年，在美韩裔被收养人为贤秀制作了一座追思铜像，并将其运回首尔，立于内谷洞丹尼尔社会福利法人的庭院内，贤秀铜像的指尖上还塑有一只蝴蝶。

2. 42 岁的金尚弼先生，又名菲利普·葛雷，10 岁时被送养至美国，27 年后被驱逐出境，并回到韩国。2017 年 5 月，他从韩国某公寓纵身跳下，身亡。他在美国时，因某起暴力事件而受到牵连，才得知养父母一直没有替自己申请成为美国公民，长达 30 年处于无国籍状态。回到韩国后，他努力寻找和自己相关的记录与亲生父母，却一无所获，最终走上自杀的不归路。

3. 3 岁的恩菲（化名），2016 年在大邱某个家庭体验被收养的过程中，因心脏骤停被送至医院，经抢救还是陷入脑死亡状态，三个月后去世。恩菲全身上下满是瘀青与烧伤的疤痕。恩菲的母亲是一名未婚妈妈，为了女儿的幸福而选择让他人收养自己的孩子。但第一个预备收养的家庭以"孩子不讨人喜欢"为由将孩子送回，接着恩菲在第二个预备收养的家庭中受虐致死。在恩菲被宣布脑死亡后，京畿道抱川又发生了一起 6 岁小女孩被养父母虐待致死的事件。狠心虐待孩子并毁尸灭迹的养父，足足有 10 次前科记录。

对于那些被收养的孩子来说，时间就此停止。他们被困在国家和法律保护不起作用的真空地带，最后离开人世。对于被收养后进入新家庭的孩子来说，生与死就像是碰运气。有的孩子遇见了好父母，也有的以死告终，还有的即便长大成人，仍在彷徨中无法自拔。难道这真的只能听天由命吗？

在贤秀死亡前一年左右，法国一名出任部长的韩裔被收养人——福乐尔·佩勒林——回到韩国，受到民众热烈欢迎，这就好像母国做了一件值得称颂的事——将无处可去、无依无靠的孤儿送至发达国家法国，她才有了出人头地的机会。另一方面，金尚弼先生因无国籍者的身份而持续彷徨，最终自行了结性命的事件则悄然消失，没有引起一丝波澜。

被收养人出人头地，就上前又拥又抱、夹道欢迎；但当被收养人命途多舛时，韩国社会则将其视为适应能力差，这样真的好吗？请大家不要误会，虽然我反对涉外送养，但并不认为应该取消收养制度，也不认为所有的养父母都有问题。大多数全心全意抚养孩子的养父母的确应该受到肯定。然而，就在国家认为"只要送家人给无家可归的孩子就够了"而转身离开的时候，这种"后退"制度却将部分被收养的孩子逼上了绝路。正如我们都看到了月球的背面，如今也是时候看看收养制度的真面目了。前文描述的那些被收养人的悲惨遭遇，真的单纯地只是因为他们运气不好吗？

涉外送养历史最长、数量最多的国家

在世界涉外收养的体系中，韩国是个很特殊的国家。虽然涉外送养人数比过去已经少了很多，但即便在 2016 年，韩国被送养至国外的孩子仍有 334 名，几乎每天都有孩子搭乘飞机到海外。我完全无法理解一个如此发达的国家，面对约 300 个父母无法照料的孩子时，难道就没有能够保护他们的系统，至今仍得把他们送养至国外吗？韩国是经济合作与发展组织成员国中唯一将孩子送养至国外的国家。根据中央收养院的统计，截至 2016 年，在韩国出生并被送养到国外的人数共计 166 512 人，是同一时期国内收养人数（79 088 人）的 2 倍。

收养原本是在第二次世界大战后，欧洲为了保护难民儿童而大规模实行的政策，但国际收养中的双方存在明显的人种差别。作为一个由中介机构参与的活动，收养最早开始于朝鲜战争后。[①]

韩国是全世界涉外送养开始时间最早、送养数量最多的国家。为了了解舆论对收养的看法是如何演变的，我检索了从 1954 年到 1999 年的报纸上有关国际收养的报道，却产生了一种错觉，仿佛陷入无限循环，而且看不到出口。

朝鲜战争后，有一段时间战争孤儿和混血儿成为主要被收养对象。早年的媒体对此连连称赞。1957 年 3 月，《东亚日

---

① 李庆恩，《以国际法保护国际收养的儿童权利》，首尔大学法学博士学位论文，2017 年。

报》以《新名字和新的幸福人生——女王般的打扮，过家家度日》为标题，描述了被收养到美国的孩子的生活场景。

"金小姐身穿华丽衣裳，和在韩国时有着天壤之别，看起来很有朝气和活力，坐在孩子们中间的姿态宛如一位小女王。"①

进入 20 世纪 70 年代，贫困儿童和非婚生子女成为涉外送养的主要对象且数量激增，媒体对盲目送养孩子的批判也开始增加。当时父亲只要放弃亲权，就可以不经母亲同意，将孩子送养到国外。② 而霍尔特儿童福利会③ 则将被送的孩子两人分成一组，用晾衣绳将他们绑起来后送上飞机的行为④ 也备受苛责。当时法律规定，孩子一旦被收养，亲权人不得找回——比起为被抛弃的孩子找到父母，国家更关注将其送养。

各种意外事件也相继发生，例如，被收养人在美国被养父母打死；"天使之家"发生火灾，造成 14 名等待国际收养

---

① 《缔结良缘——赴美的混血儿近况》，《东亚日报》，1957 年 3 月 11 日。
② 《"只要父亲同意，孩子就能送养"，母亲的亲权引发争议》，《京乡新闻》，1972 年 6 月 7 日。
③ 韩国社会福利机构，1955 年 10 月由美国的霍尔特夫妇共同创立，提供收养中介，并为所谓的少儿、未婚妈妈、残障人士、低收入阶层、多文化家庭和地区社会等提供专业的社会福利服务。——译者注
④ 《为"方便管理"，霍尔特将 10 名国际收养孤儿两人分成一组，用晾衣绳捆绑》，《京乡新闻》，1970 年 11 月 25 日。

的婴儿死亡等。然而，对于盛行的涉外送养，最猛烈的抨击却来自韩国以外。1976 年，BBC（英国广播公司）收视率第一的节目就如此介绍韩国的涉外送养现象：

　　每当首尔处境艰难的女性将生下的婴儿丢弃在派出所前，孩子就会在两个月内被安全地送到布鲁塞尔或波士顿的高级公寓，找到自己的安身之所……为何世界上经济增长最快，又能生产汽车的韩国，会在道义和经济上贫困至此，连足以被称为"未来最迫切投资"的下一代都无法养育呢？①

　　令人感到惭愧的是，这样的指责即便在 2017 年也依然适用。那时候就连朝鲜都将韩国送养至国外的儿童称为"新式出口品"而加以苛责。韩国政府这才开始进行管制，中止将孩子集体送到国外收养的惯例，即便是个别送养，一次也不能超过 3 名。此外，政府还实施了配额制，中介必须完成两名国内收养的个案，才能得到一个国际收养的名额；政府还制定计划，从 1986 年开始取消涉外送养。

---

　　① 《在英国引起争议的韩国国际收养儿童——必须先在韩国国内确定养父母，BBC 电视台》，《东亚日报》，1976 年 3 月 30 日。

然而，通过军事政变上台执政的新政府，在 1982 年以"民间外交"这个荒唐理由，彻底敞开了涉外送养的大门，实际上这是为了在海外援助中断后，减轻社会福利机构所造成的财政负担。

之后，第五共和国 ① 时期，每年约有 10 000 个孩子被送到国外，可以说，此时是涉外送养的全盛时期 ②。如果见到街上有徘徊的孩子，人们就会优先将他们送到收养机构或孤儿院，而不是替他们寻找父母。滑雪运动员托比·道森（Toby Dawson）就是在市场中迷路后，于 1981 年被送养到美国的。在重男轻女现象十分严重的 1983 年，曾有一位母亲连续三胎均生下女儿，结果到第三胎的时候，婆婆骗她孩子夭折，暗地却将孩子送给他人收养，而整个事情的原委直到 2015 年，在电视节目《无限挑战》中才被报道。

20 世纪 80 年代，韩国进入盲目涉外送养的高峰期，到 1988 年汉城奥运会前后，被国外媒体猛批为"世界第一的孤儿出口国"。再加上当时有 4 个涉外送养的中介，年利润达到

---

① 韩国第五共和国（1981—1988）。1979 年 12 月 12 日，全斗焕发动"双十二政变"，掌握国家军政大权，并于 1981 年正式就任韩国总统，开始长达近 8 年的独裁统治。——译者注

② 《涉外送养孤儿，第五共和国时期高达 5 万名》，《韩民族日报》，1988 年 10 月 11 日。

30 亿韩元,一时间以营利为目的的涉外送养中介成为众矢之的。政府又发表声明,从 1996 年开始全面中止涉外送养。但这项政策在 1994 年化为乌有,改为"今后涉外送养的比例要降低 3% ~ 5%"。然而没过多久,又因为 IMF 外汇危机而提出保留,理由是财政无法负担每年约 10 000 名没有双亲的孩子。①

尽管之后政府也曾公开表示,将从 2015 年全面中止涉外送养,但如今再也没人相信这种反复无常的空头支票了。讽刺的是,涉外送养减少至一年 1 000 多例,是从低生育现象严重的 2013 年开始的。

韩国政府先是鼓励国内收养,停止国际收养,后来又将一切推翻如此出尔反尔,造成迫使未婚妈妈放弃孩子的社会环境已经固化。

20 世纪 70 年代,非婚生子女成了被收养的主要对象,而到 80 年代,随着收养的产业化,未婚妈妈只能放弃孩子的社会结构已经形成。未婚妈妈被塑造为不道德女性②的同时,也

---

① 尹钟求等,《热点追踪——国内收养的实况:"孤儿输出国"的污名要延续到何时?》,《东亚日报》,1999 年 10 月 29 日。
② 权熙贞,《收养时出现的正常家庭讨论,以及让未婚妈妈的子女成为"孤儿"》,《女性主义研究》15 (1),2015 年,第 51—98 页。

被排除在普通母亲之外。

从根本上说，这源自韩国社会浓厚的"正常家庭"观念，大家还是普遍认为"已婚父母和子女"的组合才是正常家庭，如果脱离这个框架，不管是国外还是国内，通过送养替孩子找到"像样的家庭"会是更好的方式。人们还是想通过收养这些不符合社会规范的非婚生子女来填补收养人的子女空缺，同时填补被收养人的父母空缺，最终组成一个"正常的家庭"。①

由民间负责的收养程序

本章一开头介绍的贤秀、金尚弼先生、恩菲的案例有个共同点，那就是他们都用生命印证了韩国收养制度最大的问题，即将收养程序与制度落实的责任交给民间机构，而不是政府机构。

韩国在 1991 年批准《联合国儿童权利公约》后，因长期对某条款提出保留而备受联合国儿童权利委员会的指责。该

---

① 金载民，《韩国国际收养政策中的人权空白》，《记忆与展望》35,2016 年，第 282 页。

条款就是公约的第 21 条（A）项，规定要由主管当局也就是政府决定收养的相关事项。全世界实施收养制度却对该条款提出保留的国家只有韩国。而作为全世界涉外送养最多的国家，韩国也仅是签署了《海牙跨国收养公约》（以下简称为《海牙公约》），但并没有正式批准通过。

2011 年，《收养特别法》修正案实施，引入了法院审核许可制，从而在制度上确认了收养在最后阶段需获得法院的审核并许可，之后政府于 2017 年 8 月撤回了对第 21 条（A）项的保留。然而，收养程序的前面阶段依旧由民间机构负责，最后阶段才由法院审核许可，这并不代表收养是由政府管理的。贤秀与恩菲之死，都是在实行法院审核许可制之后，因政府没有对收养程序严格管控而发生的悲剧。在韩国，从亲生父母表达出送养孩子意愿的那一刻开始，孩子就交由民间收养机构全权管理。

看看那些没有能力保护自己的孩子，在离开亲生父母，寻找新家庭的过程中所遭受的种种待遇，我们就可以发现他们走的每一步都很糟心，这不禁让人大感意外：为何一个实施收养制度已经很久的国家会是这样？

从头来看一下孩子从出生到收养的全过程吧。首先，他们是否办理过出生登记？过去，孩子出生没有登记，收养机构的负责人在将孩子申报为"弃婴"，根据户籍法让孩子独立立户后送养。2012 年实行修订的《收养特别法》后，出生登记成为必要手续，当时也引起舆论热议，认为这导致了更多的婴儿被丢弃在收容箱。

即便现在几乎所有的孩子都在医院出生，也仍没有实行完全的出生登记制度，让所有人都在医院直接办理，因此各种瞒报、漏报现象频出，从而导致婴儿人口买卖及网上的非法收养屡禁不止。

在被送养的孩子中，九成以上是未婚妈妈的子女。假设有一位未婚妈妈面临无法亲自抚养孩子的处境，那么按照原则政府应该出面处理，审查这位妈妈是否真的没有抚养孩子的方法。倘若碰到最坏的情况，认为妈妈和孩子分开为最佳选择，那么政府也应该决定，在寄养家庭、社会福利机构、国内收养、国际收养等途径中，哪一个是最适合孩子的。《海牙公约》规定，国际收养必须按照"辅助性原则"进行。也就是说，当孩子与父母分离时，应该在国内通过家庭寄养、国内收养等各种途径来寻找保护孩子的方法。实在别无他法后，才应将国际收养当成最后的辅助性手段。

然而在韩国，这个环节却有巨大漏洞。首先，地方政府和议会并不知晓这是自己的分内之事，要做这件事就必须设立儿童福利审议委员会，可是很多地方政府和议会对此毫无概念。根据2016年儿童人权团体年会——"儿童人权论坛"——对233个地方政府和议会调查的结果，有83个设立了儿童福利审议委员会，仅占36%；87个（35%）没有出台相关的条例，设有委员会的年均召开会议的次数也仅有0.98次。[1]

更奇怪的是，那些父母无法养育、需要保护的孩子被分为两种，分别对应不同的管理体制。如果是被送到寄养家庭、保育院、共同生活家庭的孩子，则由地方政府和议会负责管理；如果是被收养的孩子，那么必须由亲生父母亲自前往民间收养机构。这样的划分没有必要的理由，只不过是长期以来的惯例罢了。既然受理的收养与整个过程都是民间机构负责的，那么即便在收养的最后阶段设置法院审核许可制，也无法在过程中优先确保"儿童利益最大化"。

---

[1]　南志源，《"讨厌大人"（下）：根本不考虑"替代养育方案"而直接送到社会福利机构》，《京乡新闻》，2016年5月7日。

草率的程序与后续管理

不管什么原因，假设现在已经将孩子托付给收养机构，并开始走收养程序，机构针对养父母的审查是如何进行的？以被送养到美国的贤秀为例，养父后来被查出患有严重的精神障碍。他如果是在美国国内收养，就会因为其不符合标准而遭到否决，但美国对国际收养的孩子却是用另一套标准。

而恩菲则是在法院审核许可前，就必须两度前往"预备"收养的家庭，这是在没有任何公权力介入之下，单纯由民间机构任意判断所做的决定。

结果，恩菲在第二个收养家庭待了 4 个月，就被送往急诊室了。当时医院怀疑有虐待儿童的情况而报警，却因警方匪夷所思的处理不了了之。3 个月后恩菲死亡，但两周后法院居然还做出了收养许可的决定。这充分展现出，法院作为最后审查阶段的公权力，其所谓的审核许可是有多么草率和敷衍。

在抱川死亡的被收养儿童，是根据民法进行的"民间收养"，只要亲生父母和养父母达成协议即可，因此没有任何的资格审查步骤。养父尽管有欺诈、暴力等 10 次前科记录，却没有受到任何制裁。

而对养父母所进行的事前教育，只不过是 8 个小时的一次性教育，没有任何实际内容。就连应该明确说明"对于预备收养的父母而言，收养并不是为了父母的利益，而是为了儿童的最大利益"的内容，都未被包含其中。

问题是，大多数的事前教育包含了"终止收养的条件、程序及效果"的内容。作为国会和地方政府共同组成的大邱和抱川被收养儿童虐死事件真相调查委员会（以下简称"调委会"）的一员，崇实大学教授卢蕙莲指出："完全收养是被收养人断绝与自然血亲家庭的一切关系后被新的亲权人收养，因此完全收养原则上不能终止收养。"终止收养是只有在收养人不具备资格时，由国家决定的事项。告诉收养人终止收养的条件和程序，无疑是在教他们如何抛弃孩子。

我们姑且假设收养顺利进行，孩子有了新的家庭，后续管理又会如何？民间收养根本没有后续管理，国际收养也一样敷衍了事，开头介绍的金尚弼先生便是其中的受害者。

过去，在孩子被收养到美国后，韩国政府不会保护他们到生活安稳为止，而是从送养的那一刻就自动剥夺了他们的国籍。而孩子取得的是无法获得公民权的 IR-4 签证，若养父母未能为其办理申请公民权的手续，他们就会成为无国籍人士。长期以来，收养都是由民间机构处理的，因此政府一直都没有承担任何责任。为此，美国国会在 2000 年制定了自动赋予被收养人国籍的《儿童公民权法》（*Child Citizenship Act*），可是韩国受到《收养特别法》修订的影响，直到 2013 年家庭法院审核许可收养后，韩国的送养儿童才开始取得可自动赋予国籍的 IR-4 签证。2013 年前被收养的孩子中，以无国籍状态滞留美国者就有 18 603 人，若加上美国以外的国家，总数可达 25 996 人，这全是因为韩国政府把孩子送养至国外后，只想着剥夺他们的国籍，对孩子是否取得收养国家国籍却不闻不问的结果。①

即使是在韩国国内收养，后续管理也同样马虎。韩国是一个特殊的国家，即便收养的是健康的婴儿，政府也会以鼓励国内收养的名义，持续给予现金援助。卢蕙莲教授表示："养父母被视为善良伟大之人，这会导致他们即使在养育过程中遇到困难，也不会向外部求助。"同时她还指出："比起将收养视为一种善举，更多的人应该认识到，收养是一种需要

---

① 申载宇，《"无国籍"国际收养儿童达 2.6 万名，强制遣返韩国》，韩联社，2017 年 10 月 31 日。

专业协助的终其一生的过程，并应建立提供专业后续服务的公共体系，而非简单的金钱援助。"

真正应该感到抱歉的人

我在儿童人权团体工作的时候，有段时间也对收养的各种问题不甚清楚。2014 年春，我得知了贤秀的案例，并偶然在网络新闻上看到海外被收养人在弘益大学前的公园为贤秀举办了一场追思会，看到黑色横幅上印着的"贤秀，对不起"时，瞬间感觉被人狠狠地揍了一拳。

向贤秀说抱歉的这些人是谁？是小时候英文都不懂一个就被送养到海外的被收养人，他们长大成人后回到祖国，为了改进收养制度而努力。包括简·贞·特伦卡（Jane Jeong Trenka）[①] 领导的"TRACK"（为了追求真相与和解的国际被收养人组织）在内，他们举行集会，哭着向贤秀说抱歉，而本该是他们接受国家的道歉才对。没有任何人说抱歉，在贤秀离开人世的九个月前，在荷兰签署《海牙公约》的政府公

---

① 1972 年生于首尔，与其姐妹一同被白人家庭收养。2004 年回到韩国，为维护被收养人的人权而奋斗。第一本著作兼自传《血之语言》（*The Language of Blood*）曾荣获美国明尼苏达州图书奖。——译者注

务员也没有一个人说抱歉，唯有海外的被收养人在说抱歉。

我认为这件事实在错得太过离谱，于是前去拜访终身为改进收养制度奔走的"寻根之家"（KoRoot）的金道贤牧师。之后以政府为对象开展了一系列活动，敦促其对收养机构进行调查并改进相关制度。

后来活动获得了一定的成效，当时受理贤秀业务的美国收养机构——天主教慈善会（Catholic Charity）中止了韩国儿童的收养，同时政府对收养机构"霍尔特"进行监督，揭露其不法行为并警告其他收养机构。还对《收养特别法》多多少少进行了修订，但这依然无法填补收养制度上的巨大漏洞。

低生育率的问题加剧，加上选择亲自抚养孩子的未婚妈妈增加，所以收养现象呈现出减少趋势，但收养过程中出现的问题似乎并不会就此销声匿迹。收养家庭是社会为那些无法和亲生父母同住的孩子打造的替代性家庭，既然政府有责任替他们寻找新家人，那么从收养开始到结束，乃至后续进程，政府都应该负起责任。像现在这样，政府对收养问题置之不理，全部交给民间机构和养父母，给全心全意照顾孩子的养父母也带来了莫大的牵累。

在韩国，其他肤色人种家庭代表的意义

在人权团体工作期间，有一幅画对我影响甚深，那是2010 年秋一名 11 岁小女孩的画作，笔法生疏。画纸的上半部用拳头大的字写着"不要歧视其他国家的人"，下半部则有三个大块头的孩子并肩站立，冲着一名独自站在远处的瘦小的孩子大喊：

"走开！你和我们不一样！"

那个瘦小的孩子迎面争辩道：

"才没有！我和你们是一样的！"

图中瘦小的孩子就是作者，也就是那个小女孩，她出生在一个多元文化家庭，父亲是韩国人，母亲是越南人。她也是我在人权团体工作时，撰写呈交给联合国儿童权利委员会的报告的过程中采访过的孩子。她如是说道：

"他们总是说我和他们不一样……小时候，我的韩语发音很奇怪，后来大家就（对我）说，'你和我们不是同一种人吧？走开一点'。每天都拿我寻开心……（学校里）不是都会要求多元文化家庭的孩子举手吗？结果举手的就只有我一个人，大家就你一言我一语地说，'她好像是多元家庭出来的呢'。"

她还说："同样都是人，只是说话不一样而已，不需要特别强调是多元文化家庭，（听起来）很讨厌。"

几天后，我听到了社团一群专业人士到仁川一所小学支援学生社团活动的经历。小学的孩子以同校学生为对象，亲自做了多元文化相关的问卷调查，其中有一道问题为"写下平时提到多元文化家庭的儿童时，脑海中会浮现出的两个词"，常见的回答如下：

"落单、肮脏、外表、沟通、非洲、巧克力、炸酱面、黑人、不幸……"

而在那所学校的学生中，没有一个孩子能单凭外表就被认出是来自多元文化家庭。无论回答问卷的学生是否真正见过多元文化家庭的孩子，他们就已经在"多元文化"概念本身上贴了厌恶的标签，这着实令人吃惊。

冲着和我长相不同的人大喊:"你和我们不一样,走开点!"这种态度如今是否有所改变呢?这在成人中会有所不同吗?

令人遗憾的是,情况似乎并无好转。女性家庭部发表的《2015国民多元文化包容性调查》结果显示,每10名韩国国民中就有约3名(31.8%)不愿和外籍劳工(或移民者)当邻居。

若和国际专业调查机构世界价值观调查(World Values Survey)在2010—2014年的调查中相同的项目比较,表示不想和外国人为邻的韩国人的比例是美国(13.7%)的2.3倍,是澳大利亚(10.6%)的3倍,差不多是瑞典(3.5%)的10倍。

遗憾的是,政府和相关机构的多元文化政策、大多数课程的对象仍局限于多元文化家庭的孩子,而非全体学生。因无法适应学校而中途放弃上学的小学生中,来自多元文化家庭的孩子的数量是普通家庭的4.5倍。如今多元文化家庭的子女超过20万人,但这些孩子所经历的困境依然和7年前大同小异。

韩国是个"种族歧视共和国"

截至 2016 年，居住在韩国的外国人已达到 200 万，可是对移民者，特别是肤色黝黑，来自"比韩国贫穷的国家"的外国人，韩国人的歧视和嫌恶仍很严重。"血统纯正的韩国人"属于"正常家庭"，而多元文化家庭则被归为"不正常家庭"，移民劳工及他们的子女会遭到歧视。受集体主义家庭价值观的影响，韩国人排斥外来的群体，表现出极端的责难态度。也有研究指出，越注重传统的家庭价值观，越强调血统的国民正统性，就越会排斥多元文化。[①]

虽然没有表现出像美国那样赤裸裸的种族歧视，但我认为韩国是一个有种族歧视的国家。国家人权委员会 2017 年发表的《嫌恶措辞的现状调查与规范方案研究》显示，有一半以上在韩国工作的移民劳工曾从他人口中听到嫌恶的措辞，并对此心怀恐惧。

从这些嫌恶的措辞中，我们发现韩国社会将在韩国工作的移民劳工视为"肮脏，身上有味道，想避而远之"的人，

[①] 姜成律、林成玉，《韩国人的家庭价值观和注重血统的国民特质对多元文化排斥态度造成的影响》，《精神保健与社会事业》42（2），2014 年，第 91—120 页。

甚至认为他们是"野蛮、无知、懒惰并且见钱眼开"的群体，同时也是"到别的国家抢工作的群体、潜在的恐怖分子、被买来生孩子的可怜之人"。

光州大学教授勇比·托纳（Yiombi Patrick Thona）[①]是来自刚果共和国的难民，他说自己因为经常在路上听到别人说他"真的好黑"，称呼他为"黑人大哥"，所以当他到了其他国家，周围人都对他毫不关心时，他反倒会浑身不自在。[②]

只是因为"不同"就去歧视移民，只是因为"不同"就给他们贴上"劣等"的标签，这的确是个问题，但我认为歧视那些移居儿童更是一个严重的问题。移居儿童无法自行选择父母，来到韩国生活可能也并非他们的本意；而且，这种歧视是制度上的，是根深蒂固的。

据推测，韩国未登记的移居儿童约有 20 000 名。因签证过期或未申请外国人登陆证而处于未登记状态的移居儿童，想必是生活在韩国这块土地上的孩子中，处境最为恶劣的、身在"死角中的死角"的人。政府批准的《联合国儿童权利

---

① 勇比·托纳申请难民庇护来到韩国，因种族不同而受到歧视。后来开始在媒体上宣传尊重所有种族、性别和难民权利的观念。——译者注

② 姜基宪等，《多元文化中心其实不存在多元文化，不过是传授制作泡菜和韩语的韩国文化中心》，《中央 SUNDAY》，2017 年 4 月 9 日。

公约》规定，不分国籍、人种、社会身份，所有孩子都不应该受到任何歧视。但那些无登陆证的移居儿童，每天都生活在对被盘查和被驱逐出境的恐惧中，连最基本的权利都无法享有。

2013 年法务部做了一项变更，将"如未登记的移居儿童正在求学，则将强制驱逐出境的期限顺延至其完成该阶段学业"的适用对象扩大到了高中生，而原先的适用对象是初中生及以下。这是一个非常细微的改变，但如果没有人权团体联手为移居儿童争取权益，那么连这个都不可能实现。

这一变化的起因是在韩国生活十年却突然被驱逐出境的高一学生民宇。7 岁时，民宇便随父母从蒙古国移居至韩国，事发前已经在韩国居住了长达十年，韩语说得比母语还流利，他也认为自己是韩国人。然而某天，他劝阻朋友吵架的偶然事件却改变了自己的人生。当时他以知情人的身份来警局帮忙翻译，结果被发现自己未登记的身份，随即被送到外国人收容所。民宇和其他成人被关在同一个房间，他明明就不是罪犯，却在五天后戴着手铐被移送到机场并强制驱逐出境。在这期间，他和父母一次面也没见到。

当时移民人权团体锲而不舍地进行抗议和维权，法务部才做了如上细微的调整，但民宇却只能和父母分隔两地了。

还有一个名为日晗的学生，他出生在中国，母亲独自移居到韩国后他便由亲戚抚养长大。初中毕业后，母亲接他来韩国，母子终于在久别 15 年后重聚。就在日晗打算在韩国上高中时，学校以"不懂韩语"为由拒绝他入学。学习韩语约一年半后，他申请了多元文化特色高中，但是学校要求他提交家庭关系登记簿、住民登陆证复印件等只有韩国籍学生才能提交的资料。于是因"缺少证明其为国民子女的相应文件"，日晗的入学申请再次遭到拒绝。就连多元文化特色高中都不愿接纳日晗，他究竟要上哪儿求学呢？[①]

由于没有韩国国籍，当移民者的子女遭受虐待时，也得不到儿童保护机构的保护。当走投无路时，他们也不能求助于社会福利机构。在此生活的移民子女，只是不具有国籍和滞留资格这样一个理由，就被"正常的韩国人"肆意苛待。教育、医疗、免受暴力的侵害，这些权利在制度上对其关上了大门。

---

① 移居儿童权利保障基本法制定促进网，《移居儿童人权保障政策简报》，2015 年。

憎恶他人的表露

2013 年，儿童及移民相关团体成立了《移居儿童权利保障基本法》制定促进会（以下简称"促进会"），以免移居儿童在出生登记、教育、医疗等最基本的权利方面受到歧视。我在参与活动时，深刻感受到韩国人毫不掩饰自己对移民的憎恶之情。

促进会与当时执政的新国家党（以下称"执政党"）前议员李·贾思敏（Jasmine Lee）①共同起草了移居儿童权利保障基本方案，正准备向国会提交法案。在提交法案前的 2014 年深秋，网络上突然出现了关于"给予非法滞留者子女特权的韩国版移民法"的争论，引起了轩然大波。而李·贾思敏被认定为"韩国版移民法"的发起人，办公室也因此接二连三地受到攻击。问题是该法案根本还没有提交，真是荒谬至极。

进一步了解后，得知当时新政治民主联合（以下称"在野党"）的前议员郑清来提出的《儿童福利法》修订案中包含了保障未登记移居儿童的教育权、医疗权等内容，而大家

---

① 菲律宾出身的配偶移民，1998 年归化入籍，成为菲裔韩国人，是大韩民国首位归化的国会议员。——译者注

错认为是李·贾思敏所提出的，因而对其进行了排山倒海式的攻击。

当时仅限在移居儿童这个问题上，执政党要比在野党领先一步，但这倒不是因为热衷于此议题的李·贾思敏隶属于执政党。

第十九届国会组成后，为了促进《移居儿童权利保障基本法》尽快制定，我最早接洽的议员是当时在野党的重量级人物，隶属于负责审查法案的常任委员会，知名度高且影响力大，实乃该议题的最佳人选。当时我也知道李·贾思敏对该法案很感兴趣，但她若是冲在第一线，用时下的流行语来讲，她很显然会成为移民嫌恶者攻击的"靶子"，那么法案也难以通过。

可是正当共同筹划法案之时，该在野党议员的办公室突然来消息说无法提交法案，也就是表示他拒绝了。当时《禁止歧视法》刚刚无疾而终，因为其中包含了禁止歧视少数族群的条款而受到基督教徒的极力反对。只要是该法案共同发起人的议员，其议员室都遭到基督教徒有组织的抗议电话攻势，从而导致业务瘫痪。当时，我们起草的移居儿童权利保障基本法案中，也将性取向包含在禁止歧视的范围内。真是

"一朝被蛇咬，十年怕井绳"，那位重量级议员之所以反对提交法案，正是因为这个内容。我们数次提议要将"性取向"这个词修改得隐晦一点，但最终仍遭到拒绝。

也许是因为遭到该议员拒绝，心情错综复杂，我无法将当时的"韩国版移民法"争论视为偶发事件，因为争论的发起者正是支持在野党（或讨厌执政党）的人。

当时我还觉得更加民主、自由和进步的人士，在面对他人时会比保守人士持更宽容的态度，因此，我很难理解前者对移居儿童的敌对态度。我想了解其中的原因，便逐一搜寻网络留言板和社交网站上对"韩国版移民法"的批判。那些曾在社交网站的个人页面批评权威主义，期待民主主义的人士，现正在用权威主义的观点来看待移民，批评他们"夺走了我们的权利"，还有各种嫌恶的话语。

在无数批判的言辞中，我很难找到提及在实际生活中因移民而遭受损失的内容，大致的观点都是"为什么要用我缴的税去帮助非法滞留的儿童"。这些自称民主主义者的人，自己的税金用于帮助他人时并不加以批判，而用于保障未登记的移居儿童的基本权利时，却认为这是一种"浪费"。既然移居儿童的父母也在韩国工作，肯定为地区经济做出了贡献，只是贡献大小的区别而已，纳税更是不在话下，生活在间接税比例逼近一半的韩国，不纳税根本是不可能的事，然而这些事实他们却置若罔闻。

在这种局面下，《移居儿童权利保障基本法》自然不可能通过。在前议员李·贾思敏提交和促进会共同起草的法案后，当年年底，两周内国会预告立法网站上就上传了 14 000 多条反对意见，理由同争论"韩国版移民法"时别无二致。

在移居普遍化的现代社会，对移民的憎恶成为转嫁危机、寻找替罪羊、指责他人常见的形态。无视未登记移居儿童的处境，轻易地将他们当成憎恶的对象，恰恰反映了不安感和危机感深植于韩国人的日常生活和内心。

当自己所处的社会碰上危机，就将危机与他人联系在一起，这种反应早在 16 世纪世界开始进入近代之前，就在世界各地随处可见。根据社会心理学者海琳·乔菲（Helene Joffe）的著作《危机与他人》（*Risk and The Other*）中的描述，在梅毒肆虐欧洲的 15 世纪，梅毒在英国被称为"法国天花"，在法国被叫作"德国病"，对于佛罗伦萨人来说是"拿破仑病"，日本人则称其为"中国病"。不仅是梅毒，就连霍乱、黑死病和麻风等具有传染性的不治之症，都总是和

"他人"联系在一起。

有趣的是，并不是只有西方社会或统治阶级才会将危机和"他人"联系在一起。在塔希提岛，梅毒被称为"英国病"。学者在对非洲祖鲁族的人类学研究中发现，当地人同样出现了把疾病的发生和"他人"做联系的反应。总而言之，面临危机时，"他人"成为任何人都能指责的潜在对象，不管他是不是属于统治阶级。

更何况现在，人权被视为无关紧要、荒诞不稽的权利。在这个社会，错误信息所滋生的憎恶会随着网络瞬间扩散，夸大对移民的恐惧更容易被放大和再加工。"韩国版移民法"的争论之所以更让人担忧，就在于移居儿童成为其外部的牺牲品。

后来在第二十届国会中，《移居儿童权利保障基本法》的议题压根儿就没有出现，2017 年 5 月的总统大选亦是如此。2012 年总统竞选宣言中提及的《移居儿童权利保障基本法》与《歧视禁止法》，到 2017 年都没有被提出来讨论过。甚至提议制定《歧视禁止法》的一些人还得背上"老鼠屎"的骂名，言下之意是这些人坏了"这一锅好粥"。和我不一样的人，被"正常的韩国人"贴上了"不正常"的标签——韩国社会对他人的排斥渐趋严重，连对孩子也是如此。

第二章

谁定义了正常和不正常家庭？

被塑造的信念——能信任的只有家人

在韩国，家庭为何变得如此重要？

孩子在家庭内外受到诸多暴力与歧视，背后的原因实际是"正常家庭"主义。对此我有两个疑问。第一，为何韩国社会的家庭无法尊重个性？正因为家庭缺乏对孩子个性的尊重，才会在过度控制、歧视、虐待、过度保护等关系中，频繁地出现身体和精神上的暴力。第二，为何无法接受多元性？对于有别于自己之人，各种排斥、歧视与偏见为何无法减少呢？

一般而言，社会在走向现代化后，个体对家庭或集体的依赖度会降低，其本身也会随之发展。但韩国社会已然变得如此复杂，且分化程度很高，家庭主义的影响力却依然举足轻重，可见韩国的现代化进程似乎很难用西欧的理论解释。

你可能会很纳闷，即便我在前文提到孩子面临的种种问题，孩子很难脱离家庭等，但在现实生活中，我们接触得更多的是不婚现象、一人家庭增加、个人主义加速化、家庭解体等。每当不婚和晚婚，低生育率等成为热门话题时，媒体就会抛出"个人主义兴盛才导致家庭解体"之类的论调。

21 世纪初，所谓的 X 世代 ① 进入结婚年龄后，开始出现晚婚和低生育率倾向时，那种危机意识就更强烈了，要不然韩国怎么会在 2004 年年初制定《健康家庭基本法》呢？当时身处个人主义潮流中而备受瞩目的 X 世代，真的会成为个人主义者吗？

社会学家金惠景曾对 50 名典型的 X 世代（1975 年出生）进行过深度访谈，她给出的回答是否定的。"接受深度访谈的 50 名对象中，所有男性将制度上的父权家庭主义内化，而女性则是将精神上的家庭主义内化了。"在抚养孩子的双职工家庭中，夫妻双方不是想着孝顺和赡养父母，而是期望父母过来搭把手养孩子——这种把家庭主义当成工具的现象依然存在。另外，不婚族并未显现出强烈的个人主义倾向，和家庭主义没有太大的冲突。上过大学的不婚族被研究者认为是个人主义最明显的一群人，但对于他们来说，家庭并不是逃避的对象，而是替代社会安全网的避难处。研究者称此结果

---

① X 世代，1963—1977 年出生的人。——译者注

为"家庭导向的个体化"①。这是因为个体的发展是在和家庭维持强大规范与精神关系之下进行的。

我身边恰好有许多自愿不要孩子的家庭。虽然他们是为了将生活的重心放在自己身上而决定不要孩子的,但他们也没有因此摆脱家庭主义的束缚。就像丁克(Double Income No Kids,DINK)这个英文缩写词轻快的发音,他们看似做出了一个轻松的选择,其实是在权衡韩国的家庭现实、个人状况、父母的责任和资格后,果断做出的"放弃的决定"。

在中日韩三国,家庭、结婚、同居、离婚、性别角色等相关价值和态度被统称为家庭价值观,而韩国要比中国和日本更保守。2015 年,在一项三国家庭价值观的比较研究中,相较于中国和日本,韩国人的家庭价值观最为保守,家庭生活满意度也最低。婚姻价值观与家庭生活满意度对韩国人幸福感的影响也更大。②一言以蔽之,对韩国人而言,家庭依旧具有无与伦比的地位。

就韩国来说,我们很难用"家庭价值观变化速度各不相

---

① 金惠景,《父权家庭主义的失败?》,《韩国社会》47 (2),2013 年,第 101—141 页。

② 辛升裴、李廷焕,《东亚家庭价值观与幸福感比较:韩国、中国、日本之比较》,《社会科学研究》39 (3),2015 年。

同"之类的话来概括。个人主义的价值观确实以年轻人为中心在不断扩大，但集体主义的价值观也依然强大。生于不同年代的人同住一个屋檐下，组成了一个家庭。一方面标榜保守的家庭价值观，但另一方面，组成家庭本身又成为回避的对象。

对我而言，家庭也很重要。但家庭这个存在已经超越了亲密成员共同精神家园和共同生活空间，从而引发了各种社会问题。再加上一开始提及的关于"家庭内个性和多元性消失"的疑问，让我更加好奇：为何在我们的社会，家庭会有超乎寻常的重要性？

压缩式现代化的问题终结者：家庭

众所周知，韩国社会的现代化速度一日千里。西欧长则三四百年、短则一二百年的近现代化进程，在韩国从 20 世纪 60 年代开始至今，被压缩至短短 50 余年。

我们在建造高楼时，事先会设置安全网以防踩空坠落，而韩国的近现代史却是在没有安全网的状况下，一味地埋头垒高。就拿 1934—1960 年的社会保险制度来说，当时全世界范围内包括发达国家和发展中国家，只有五个国家未实行社会保障制度，而韩国就是其中之一。[①] 也就是说，韩国是世界上社会保障水平最低的五个国家之一。

在个人陷入危机，却没有任何社会保护制度兜底的情况下，个人能抓住的最后一根稻草会是什么呢？在没有社会安全网的社会中，个人唯一能够倚靠的就是私域安全网——家庭。从朝鲜王朝后期开始，韩国的家庭就由以父系血缘为中心的儒教家庭规范所主导，历经日帝强占期、朝鲜战争、现代化、城市化、工业化，在接连不断的社会危机下，家庭几乎是守护个人的唯一堡垒。

你可能会认为，在现代化之前，家庭主义在社会中占主导地位并不无道理，但韩国社会的特殊之处在于，在家庭主义理应式微的现代化进程中，韩国的家庭主义反倒变得更加强势。这是因为在整个现代化进程中，国家秉持"先增长，后分配"的信条，将几乎所有社会责任都推卸给家庭。孩子出生、抚养、保护、教育、医疗、赡养等一切事项，都是家庭的责任。

---

① 金惠英，《从动员家庭主义的时代到"家庭危险"的社会》，《韩国社会》17（2），2016年，第3—44页。

在我的成长过程中，"能信任的只有家人"这句话听得耳朵都起茧了，这也是几乎所有经历了 20 世纪 60 年代到 80 年代的现代化进程的韩国人的共同信念。正如社会学家金德荣在《归一现代》一书中将家庭称为现代化的"问题终结者"那样，韩国"优先发展经济"的战略建立在一切社会保障和福利待遇推卸给家庭的基础上，是在牺牲家庭的前提下才得以实现的。

20 世纪七八十年代，社会保障制度可以说完全不存在。虽然有医疗保险制度，但这个适用范围很有限。1973 年出台了《国民福利年金法》，但也只能算是姗姗来迟，因为当时这项制度全世界有 127 个国家实施（包括 70 个发展中国家），早已非常普遍。① 尽管这样，韩国直到 1988 年才正式施行。

公共主导的社会保护制度，直到 1987 年民主化浪潮之后才开始走上历史舞台。被推迟的国民年金在 1988 年实施。同年，医疗保险也扩大到五人以上的公司商号。翌年，医疗保险的对象扩大到所有国民，《母子福利法》(1989 年)、《婴幼儿保育法》(1991 年) 等保护社会弱势群体的法案也相继

---

① 金惠英，《从动员家庭主义的时代到"家庭危险"的社会》，《韩国社会》17 (2)，2016 年，第 3—44 页。

出台。

20世纪90年代，劳动者实际薪资上涨，中产阶层增加，家庭的亲密度与沟通开始受到重视，而个体化倾向也逐渐明朗。有时候我也会好奇，假如1997年的亚洲金融危机没有中断这种趋势，现在的韩国又会演变成何种社会呢？

20世纪90年代的个体化之所以没能进一步发展，摆脱家庭主义的影响，是因为金融危机造成的社会动荡。随着国家经济破产，大家内心变得很不安，更别说是个人的自由成长了，大家若不抱团生存，就得妻离子散、家破人亡了。坠落不再是心理上的恐惧，而是成了现实。被迫提前退休的人增加，工作变得不稳定，已婚女性也要出去工作维持生计，年轻人必须辗转各种环境恶劣的工作岗位来填饱肚子。

就业困难导致恋爱、结婚、生育被推迟，甚至成为避而远之的选项。不婚主义者急剧增加，但这个并非个人化所带来的结果，而是生活不稳定的体现。即便步入婚姻，生活的不稳定也一如既往。在必须将一切奉献给工作的状况下，"没有晚餐的生活"对家人来说变得稀松平常。如果有闲暇时间，自我充电提升职场竞争力才是当务之急，哪有工夫"和家人一起"。

工作时间不断增加，堪称世界第一，双职工家庭也持续增长，而当时也没有公共支援体系能够解决家庭所包办的照看责任。中产阶层以上的人群可以雇人处理，用"市场经济"的方式解决，而低收入家庭更多的对子女放任自流。被抛弃的孩子增多，父母因无法承受生活困苦，杀害子女后自行了断的悲剧也大幅度增加。

在新自由主义的经济结构中，所有财富与阶层呈现两极化，家庭也出现了两极化的现象。中产以上者，为了提升子女的履历和竞争力，让孩子从小就展开"团队协作"，动员一切力量朝着最有利于家庭的方向疾速前进；另一方面，大多数中下层老百姓和工人阶层为了避免组成家庭后带来的风险，直接放弃结婚和生育，或者即便组成家庭，也因为无法妥善照看而叫苦连天。

国家助长的家庭主义

国家将一切包袱甩给家庭，还"装聋作哑"，但观察其在何时、以何种方式呼唤家庭之名也饶有趣味。举例来说，20世纪60年代工业化刚起步的时候，"核心家庭"这个用词已经很普遍，当时大家庭被看作"农村现代化之癌"，传统家庭被视为"封建余孽"，而核心家庭则被冠以"开明、先进、中层以上"。

然而，褒扬核心家庭的潮流到了20世纪70年代时却发生了180度大转变，核心家庭因被认为是"韩国固有传统大家庭崩溃"和"女性离经叛道"的原因而饱受批判。[①] 为什么会这样呢？

其实核心家庭并非现代社会的发明。大家可能不知道，即便是在现代化之前，韩国社会中三代同堂和大家庭也很罕见，主要还是以夫妻为中心的核心家庭。这是因为那时韩国人均寿命短，三代以上同堂的情况并不常见，而且要获得足够维持整个家族的财力也绝非易事。一直以来就是核心家庭体制，那韩国社会为什么要先将其理想化之后，又在不到十年的时间内加以批判呢？

根据社会学家金惠英分析，这和国家通过家庭灌输统治理念有关。在经济发展过程中，国家需要劳动力，尤其是低廉的劳动力，因此国家一方面褒扬核心家庭，另一方面奖励

---

① 金惠英，《从动员家庭主义的时代到"家庭危险"的社会》，《韩国社会》17 (2)，2016年，第3-44页。

农村子女进城，并推行"家庭计划"，重点鼓励女性就业，实行计划生育。后来随着工业化的推进，农村空洞化和老龄化严重，老人赡养问题浮出水面，政府又转而批判核心家庭，褒扬传统家庭赡养父母。

以上两个相反事例有一个共同点，那就是国家没有为任何社会问题买单，而是将包括赡养老人在内的各种社会问题的"元凶"指向核心家庭。也就是说，国家是打着"理想家庭愿景"的旗号，利用了家庭。

国家利用家庭的另一个事例，就是1997年金融危机后的募金运动。当时韩国以"第二次国债偿还运动"[①]的名义进行募金，几乎每天大家都迫切地捐金，声势非常浩大，至今仍让我记忆犹新。

该运动始于1997年12月新村妇女会的"爱国戒指募捐运动"，当时在成功赢得总统竞选的金大中的提议下，该运动正式成为一项全国性的运动。一开始是金戒指，后来金项链、金牙、金牌等蜂拥而至。短短5个月，韩国就募集到227吨黄金，价值21.3亿美元，甚至因为韩国一下子抛售大量黄金，

---

① 第一次发生在1907年，当时韩国掀起了为偿还日本债务的群众性募捐运动。——译者注

导致国际金价暴跌。

虽然国民争先恐后为国家捐献黄金的情景有些奇怪，但确实也令人动容。每个人都想着"国家要是没了，我生活得再好又有何用"，活动规模越来越大，而每个把黄金拿出来的人，都有一段感人肺腑的故事。这次运动所体现出来的团结一致、共克时艰的精神，至今仍是脍炙人口的佳话。

认真说起来，募金是一次奇怪的运动。金融危机是因国家和财阀的过失而引起的，国家把国民的血汗钱拿给经营不善的企业和金融机构还不够，还反过来向国民伸手要钱。

社会学家金德荣在《归一现代》一书中，将募金运动描述为"在国家和家庭的关系中的一种单方面馈赠"。因为在这段关系中，家庭奉献了所有，就连老奶奶都不惜将压箱底的金戒指拿出来。而国家却将金融危机和失业全部推给家庭。在此过程中，有许多人因此流落街头，甚至走上绝路。

家庭主义的制度化与两极化

家庭主义理念会影响个人生活，尽管现在它的影响力已不如以前，但韩国许多社会制度的设计仍是以家庭为前提的，并按照家庭主义的要求实施。

2017 年韩国总统大选时，引发舆论讨论的最低生活保障制度中的抚养义务制就是典型代表。这项制度在认定最低生活保障对象时，除了要求其收入在低保标准以下，还要求其必须没有抚养义务人，或即使有抚养义务人，但对方没有能力或自己无法被抚养。很多人就因为拥有一个虚有其表的家庭，导致无法领取国家补助而陷入赤贫，或者受尽生活折磨，最后选择自杀。

2016 年 6 月，一位 26 岁的儿子因担心重度残疾的父亲的低保补贴会减少，所以即便他和父亲在公租房同住，也没有申报入住。父亲过世后，强制搬离的命令一下，他便自行了结了性命。2010 年 10 月，有一对夫妇认为一只手臂有残疾的儿子要是没了他们，就能享受政府提供的残疾津贴、低保等福利，因而选择双双自尽。2015 年 2 月，丽水市一对夫妇向家人哭诉，自己抚养发育障碍的子女而备受煎熬，最后同样走上了轻生的道路。尽管抚养义务制带来很多副作用，但这项制度仍没有被废止，原因在于"家庭仍应负起抚养责任的家庭主义传统"，依然存留在韩国社会中。[1]

---

① 李元武，《扶养义务制的悲剧为现在进行式》，《安博新闻》，2016 年 6 月 17 日。

2017 年 8 月，文在寅总统承诺会分阶段废止这项制度。制度上严苛地强迫"家庭担负社会福利责任"的惯例是否会因此而有所改变，值得我们持续关注。

不只这项制度，教育、育儿等相关政策也几乎是以家庭主义为前提设计的。

具有代表性的例子，如在幼儿园、小学、初中、高中、大学等学校教育中，韩国公共教育支出的民间负担率（民间负担的金额）为经济合作与发展组织成员国平均负担率的 3 倍，在所有成员国中位居第三。[①] 韩国的义务教育到初中毕业为止，所以高中和大学的学费由家庭负责。此外，家庭必须承担庞大的课外补习支出，这也成为国民逃避结婚与生育的主要原因。

学校过度要求学生家长参与基本的学校生活与教育活动，也反映出制度上依赖家庭的一面。[②] 不知道有多少家长要忙着管理子女的课外补习日程，准备各种学习物品，帮孩子写作业，还要忙着搬家到学校附近陪读。

---

① 文化体育观光部国民沟通室，《公立幼托机构占比 40%，养老金保障加强》，《政策新闻》，2017 年 5 月 17 日。

② 张庆燮等，《制度化家庭主义的识别与含义》，《家庭与文化》27（3），2015 年，第 1—38 页。

保育方面也是一样。保育补助政策是 2000 年后覆盖面扩大速度最快的社会政策，但相较于快速增加的保育费支出，有机会进入公立保育机构的幼童人数仅占全体人数的 12%。为了让孩子进入居住地附近的公立保育机构，家庭间的竞争非常激烈，甚至需要在怀孕时就开始排队等候名额。

主要由女性申请的育儿假也有相同的情况。休假期间的工资由雇佣保险拨付，最高不超过之前工资的 40%。如果双职工家庭有一个人的收入降低至四成，就难以维持生计的话，那么他们很难享受这个政策。这既反映出十足的父权家庭主义风气，将育儿的首要责任推给女性，也说明制度本身是以中产家庭为前提设计的。① 好在从 2017 年 9 月开始，前三个月的育儿假工资给付从四成上调到了七成。截至 2017 年 9 月，男性申请育儿假的比例达到了 12.4%，这是 2001 年男性育儿假制度实施以来的最高比例。虽然相较主要的发达国家仍属较低水平，但这样的进展颇具意义。

如果社会政策继续以家庭为单位进行设计，这就相当于社会又会导致无法组成家庭的个人，以及无法从家庭获得充

---

① 张庆燮等，《制度化家庭主义的识别与含义》，《家庭与文化》27 (3)，2015 年，第 1-38 页。

分扶持的个人损失利益。

此外，在收入保障、教育、照看等均依赖家庭的情况下，各阶层能得到的服务的数量和质量不尽相同，这使得两极化变得更加严重。因为在优良教育与照看服务稀缺的前提下，家庭所拥有的自由选择就是相互竞争。张庆燮等人在《制度化家庭主义的识别与含义》这篇研究报告中指出："在最基础部分产生的差距会通过家庭放大，导致个人和家庭生活的阶级化、两极化日趋严重。"[①]

家庭生活呈现两极化，最大的受害者便是孩子。正如补习教育的过热现象，中产阶层为了避免阶层下降，于是让子女自小就铆足全力，只想着奔向更高的阶层，很少考虑孩子的自主性和个性。而收入和经济状况不稳定的低收入阶层，则陷入无法照看子女的"空白"状态。孩子也因此经常被疏忽，其中越来越多的孩子因成为父母发泄压力的对象而饱受虐待。在国家将所有责任推卸到家庭身上，家庭必须自谋生路的现实生活中，受害者总是那些最脆弱的孩子。

---

① 张庆燮等，《制度化家庭主义的识别与含义》，《家庭与文化》27 (3)，2015 年，第 1—38 页。

以家庭为单位，向上流动的社会

龙生龙，凤生凤，老鼠的儿子会打洞。现在大概没有人会对社会上子女承袭父母身份的现象提出异议，尽管这个现实让人心里不是滋味。好比金汤匙、土汤匙等"汤匙阶级论"已不再是讽刺，而是一种自嘲，背后是身份代际传递的现实愈演愈烈。

不久前，我看到一篇用数据佐证此现象的研究。该研究立足于韩国教育与就业专门调查小组对 2 000 名初三学生（2004 年）10 年的追踪调查数据，分析父母的受教育程度和收入水平对子女获得的机会所造成的影响。[①] 可以说，这是一项证实"汤匙阶级论"的研究。

---

① 崔弼善、闵仁植，《父母的受教育水平与收入水平对代际流动与机会不均所造成的影响》，《社会科学研究》22（3），2015 年，第 31—56 页。

该研究得出结论，父母的受教育程度和收入水平越高，其子女进入四年制大学的概率就越高。收入排在前 20% 的父母，其子女上大学的概率比父母收入排在后 20% 的子女高出 38.3%。

不仅大学升学率有差别。父母的受教育程度和收入水平越高，子女的大学入学考试成绩在第一、第二等级的比例也越高，也就是说，他们越有可能进入一流大学。父母的受教育程度与收入水平也会对子女就业时的薪酬水平造成影响。父母的受教育水平在大学以上的话，其子女的薪酬要比父母是高中以下学历的子女高出约两成。

研究团队在推断机会不均等来源时，发现父母背景不同对"子女高考成绩不均等"的影响约为 9.7%，对"薪酬不均等"的影响为 3% ~ 5%。当父母的受教育程度和收入被承袭到子女的教育上而造成薪酬差异时，社会阶级的代际传递就会更加严重，"寒门出贵子"的希望也就更加渺茫了。

媒体学者姜俊满写过一本名为《寒门不能出贵子》的书，旗帜鲜明地对把"寒门出贵子"模式看作一种发迹方式，以及"要成为贵子，就必须承受所有苦难"这种让人产生无望期待的说法进行了批判。"寒门出贵子"的模式在本质上和

"不服气的话就要出人头地"没有什么不同。

姜俊满还建议大家不要光想着培养贵子，而要将穷小子生活的寒门打造成宜居之地，对此我深表赞同。然而，阶层的差距会导致寒门的孩子错失各种机会，他们再怎么努力也没有用。在这片"地狱朝鲜"①的土地上，损失最大的人仍是出身寒门的穷小子。贫富两级分化通过教育、居住、生活的各个方面加速撕裂社会，其中的牺牲品主要是家境贫困的孩子。而强调人权与平等的民主主义，终究不过是一句"金玉其外"的空话。

寒门必须成为一个宜居之处，而穷小子成为贵子的通道亦不能被强行关闭。然而在我们社会，那个上升的通道却逐渐闭合，变得越来越窄。

"别人也这样……"——补习过热带来的不安

阶层的代际传递日益固化，中产阶层都想让子女再往上进一步，所以竞争也愈加激烈，其中最具代表性的就是补习

---

① 地狱朝鲜，韩国年轻人为发泄对韩国的不满而自创的一种说法。——译者注

费支出。补习费支出是造成夫妻对生育望而却步的首要因素，给组建"家庭"带来了巨大负担。

2017 年年初，教育部和统计厅发布，2016 年的人均月补习费用为 25.6 万韩元，创下历史新高。明明实际花费是这个数字的好几倍，竟说这是最高纪录，简直令人难以置信。进一步了解后我才发现，这仅是实际花费的一半，因为这个数据包含了完全没有补习的学生，是通过计算得出的平均值。若仅就补习的学生（占全体学生的67.8%）来计算，月均补习费用为 37.8 万韩元，足足多出 12 万韩元。另外，学校的课后辅导费、EBS（韩国教育广播公社）教材费、语言研修费均未被包含其中。而且这个数据仅测算了从小学到高中的开支，并不包括学龄前幼儿的早教费。① 也就是说，这个数据无法反映现在 10 个 5 周岁的孩子中约有 8 个（占比 84%）补习，10个2周岁的孩子中约有 3 个（占比36%）补习的现实。②

"别人家的孩子都上，你不上就会晚他们一步。"这种"焦虑营销"，让孩子还未满周岁就早早地被推进了补习班。

---

① 金美香，《补习费要藏好。生孩子？当然是要和猫咪生活》，《韩民族日报》，2017 年 3 月 17 日。

② 金龙泽，《让 2 岁幼儿读书、论述，还要补习》，"金龙泽的真实教育故事"博客，https://chamstory.tistory.com/2683，2017 年 3 月 20 日。

随着越来越多的商家宣扬毫无根据的"3岁大脑就会停止发育"理论，市场上出现了出生6个月就可以开始的"0岁补习"。[①]

各阶层补习费的差距也很大。根据教育部和统计厅发布的数据，家庭月平均收入为700万韩元以上者，补习费支出为44.3万韩元，比2015年增加5.6%。但这只是平均值，比现实中二孩家庭每月数百万韩元的补习费要少得多。月收入在600万韩元以上的家庭，补习费支出同样有增加；而月收入未满600万韩元的家庭，补习费支出同比下降。也就是说，在经济不景气的情况下，只有高收入阶层的补习费在增加。

在与亲朋好友谈及补习话题时，我最常听到的就是"我也不想让孩子去上啊""但是其他人都在上，不能只有我家孩子不上啊""如果不让孩子补习，在学校会跟不上进度"等。虽说根本原因在于公共教育太过务虚，但"没办法啊，其他人都在上"的想法也透露出隐藏在家长内心深处的不安。如果不去补习，如果"只有我的孩子没让去，我的孩子就会在激烈的竞争中落后"，这种不安感化用某部电影的片名来形

---

① 林京儿，《3岁就晚了，从出生6个月就要开始的0岁补习焦虑营销》，MBC，2017年4月10日。

容，就是这是一个"不安吞噬灵魂"①的时代。

家庭的战争并非个人

随着一流大学入学门槛逐步提高，补习的负担也与日俱增。但一直以来，韩国家庭总是为了子女教育、子女的成长，而动员一切力量。在韩国社会，竞争的单位不是个人，而是整个家庭。

正如前文所述，这种现象贯穿韩国整个现代化的进程。1945 年光复、朝鲜战争、急剧的工业化等为韩国社会带来了快速变化，但韩国又缺乏必要的社会安全网，能保护个人的安全网只有血缘和直系亲属。韩国家庭为公共领域提供支持，差不多已经带有准公共性质，而非亲密关系的私人领域。这并不是最近才有的，很久以前便是如此，只是顺应了社会环境的变化，呈现出了不同的样子。

我属于人们常说的"386 世代"②，我们那一代也是在以直

---

① 1974 年德国上映的电影，原名为《恐怖吞噬灵魂》(Ali Fear Eats the Soul)。——译者注

② 386 世代是指在 20 世纪 60 年代出生，在 80 年代成长的 30 岁人士（在 20 世纪 90 年代），相当于我国的"60 后"。——译者注

系家庭为中心的家庭主义支配的环境中长大的。倘若家中有会读书的儿子，儿子就会被当成能光耀门楣的人才，家中人不惜牺牲女儿的前途也要送儿子上大学，期待他成为"寒门贵子"。1992年MBC(韩国文化广播公司) 拍摄的电视剧《儿子与女儿》中，就刻画了一个名叫厚男的女儿的形象。她学业优秀，但不得不为了家中的男孩放弃学业。在20世纪七八十年代，像厚男一样的女儿可以说是不计其数。即便是经济状况良好、不需要牺牲女儿前途的家庭，"父母的奉献"也会伴随子女一生。

我自己就是其中一例。我出生在一个小城镇，但父母为了子女的教育不断地搬家，从小城镇搬到附近的中小城市，再到首尔。大学毕业后我独立生活已多年，但我在按照自己的方式过自己人生的背后，依然为屡次违背父母的意愿而深感自责，毕竟他们为我奉献了所有。我也知道问题出在家庭主义身上，但依然无法独善其身。

386世代后的X世代是否有所不同呢？原本我以为20世纪70年代"把牛卖掉送孩子上大学"衍生出的"牛骨塔"一词已不再适用于20世纪90年代，但根据金惠景对50名典型的 X 世代进行深度访谈的结果,[①] 我才发现并非如此。大学毕业的 X 世代的男性,如果家境并不宽裕,那么他们的大学学历往往是全家倾尽全力,包括牺牲家中姐妹前途的结果。

在这种情况下,不仅我所属的这代人,目前三四十岁的人也很少有在感情上与父母特别亲密的。他们的父母是为了养家糊口和子女教育而孤军奋斗的一代人,而父母与子女之间最重要的话题是学习,而非亲情。

即便世代更迭,如今子女数量大幅减少,但家庭主义倾向依然没有减弱,围绕在教育上的"父母的牺牲奉献和子女的报答"仍被视为一种美好的关系。家庭凝聚力反而变得更强,越来越多的父母认同子女的成功便是自己的成功。"父母的奉献"和"子女的报答"这种关系还会导致孩子在进入社会前就产生欠债意识。用奉献和报答的道德义务给家庭成员增加负担,在这样的家庭主义格局中,究竟谁获得了幸福?

在为了子女成功而团结奋斗的家庭中心,总有一个"奉献的母亲",这也是韩国家庭主义的特征之一。在社会制度无法保护个人的情况下,个人实际的生存便依赖家庭及其中的

---

① 金惠景,《父权家庭主义的失败?》,《韩国社会》47 (2),2013 年,第 101–141 页。

主角——女性。[1]

在中产阶层的家庭主妇眼里，家庭就是"圣地"，她们履行维护"圣地"的义务，投身战斗让家庭整体利益最大化。如同过去妈妈们的"裙摆风""薄礼"[2]和炒房等象征的意义，社会地位的上升越来越取决于学历和把握机会的能力，中上层家庭主妇信奉的成功导向型家庭利己主义、小市民的家庭至上主义比以前任何时候都要严重。

或许是因为生长在那种环境下，又或者是因为自己靠着读书和学历走上了人生巅峰，让热衷教育投资的中产阶层家庭主义愈演愈烈的正是386世代。

他们看着自己的母亲，心想着"绝对不会过妈妈那种人生"，因此拼命读书，但386世代的妈妈们同样为子女牺牲了自己。一大批"经纪人妈妈"悉数登场，在养育孩子方面使出浑身解数。尤其是20世纪90年代金融危机后，为了不让孩子在更激烈的竞争中被淘汰，中产阶层家庭花费更多的心

---

① 赵慧贞，《韩国的社会变动与家庭主义》，《韩国文化人类学》17,1985年，第81—98页。

② "裙摆风"比喻母亲为子女教育而四处奔波、裙摆飞扬之状；"薄礼"是指父母私下贿赂学校老师的红包。——译者注

力投资教育，补习费支出不断增加，还出现了"大雁爸爸"[①]这种新的社会群体。

可能是因为韩国至今仍存在的"大雁爸爸"现象过于奇怪，一位居住在韩国的日本人曾在报纸专栏上如此写道：

日语中没有"大雁爸爸"的说法，不仅没有这个词，而且根本就没有将孩子送到国外学英语的情况。对于日本人来说，到国外留学的都是大学生或研究生，就算有高中生，妈妈也不会陪同前往……韩国人对教育，不对，对出人头地的野心，超越我这个外国人的想象。第一次听到小学生在各种补习班奔波，直到深夜才能回家时，我简直不敢相信自己的耳朵。考虑到韩国和日本的收入水平，韩国人的教育支出几乎是日本人的两倍。无论是在本应该尽情玩耍的年纪却成天往补习班跑的孩子，还是为了孩子而没日没夜地赚钱的父母，在我眼中都不能算是"正常"。如果我在韩国长大，那我肯定受不了。[②]

---

① 让孩子到国外求学，由妈妈到当地照顾孩子，自己独自留在韩国工作、负担一切费用的爸爸。——译者注

② 成川彩，《另一种角度：大雁爸爸》，《京乡新闻》，2017 年 5 月 5 日。

韩国家庭将命运寄托在子女教育上，在外人看来多少有些奇怪，不过问题却发生在令人意想不到的地方。精神科医师河智贤就在《大韩民国心理报告书》中，对越来越多的年轻人无法自行做主，或不断拖延做决定的现象进行了分析：

为了让子女能在竞争中胜出，父母替孩子做出自以为最佳的所有决定，孩子也因此不需要试错，就能在成人后拥有更多，但也错失了培养自己判断力和决断能力的机会。最后，他们成为无法独立思考，不敢冒险或擅自做决定的成年人，站在通往世界的大门前。以"为孩子着想"之名所做的种种，反过来却荼毒了孩子。真是太讽刺了。

这就像是开车时太过依赖导航，没有导航时就无法凭自己的力量找到路；如果太习惯于父母将一切准备妥当，替自己扫除前方的障碍，那么长大成人后就会面临无法为自己规划未来的处境。

在这种情况下，为数众多的年轻人会延后自己独立的时间。诚然他们也希望摆脱父母过多的安排与权利关系，而一旦摆脱又意味着他们的阶层迅速下滑，所以他们放弃了独立，选择永无止尽地依赖父母。

有这样在经济上支持自己的父母，的确给孩子带去了安全感，但这也是子女们最脆弱的地方。在现今财富继承被视为理所当然的社会氛围下，年轻人拥有一对经济上游刃有余的父母，会因父母的光环而自我感觉良好。但在家庭内部的亲子关系中，他们终究会成为无法满足父母、"丢尽父母颜面"的子女，从而在自负与怯懦的双重心理中来回摇摆。[①]就这样，在中产阶层家庭内部，亲子关系的依赖性变大，而家庭主义也变得更加稳固。

世代相承的家庭主义本质

家庭主义世代相承，子女出人头地成为一切的中心，不把子女视为独立个体的态度也一如既往，没有发生任何改变。

一项研究根据1970—2014年《东亚日报》及《朝鲜日报》

---

① 崔始贤，《韩国中产阶层的代际经济支援转移与家庭主义的强化》，《进步评论》57，2013年，第146—162页。

在家庭月①刊登的报道，分析了其中透露的家庭价值观②。结果发现，从 20 世纪 70 年代到 21 世纪的头十年，一直都有报道批判父母的过度保护、溺爱以及凡事替子女去做的养育态度。考虑到媒体报道是反映当时社会样貌的一面镜子，那么我们也可以反过来推测，父母的这些养育态度自始至终都不曾改变。

2000 年后，报道内容还增加了"不要想着占有子女，要把他们视为独立的个体"。由此同样可以反推，父母对子女的执着、要占有子女的养育态度愈演愈烈。研究结果显示，无论处于哪个时代，父母过度保护和期望子女出人头地的态度，40 年来没有任何变化。

近年来，父母也许不求子女出人头地，只希望他们不要变得更惨就好，但三四十岁的年轻父母仍将子女视为所有物。

2016 年年初，经济开发研究院以 800 名居住在京畿道的三四十岁父母为对象进行了《子女养育实际情况调查》，其中回答"子女是需要照顾的所有物"的人数比例为 14.8%。考

---

① 韩国的儿童节（5 月 5 日）、父母节（5 月 8 日）、夫妻节（5 月 21 日）等有关家庭的节日均在 5 月，因而有家庭月之称。——译者注
② 金敏智、全美京，《"家庭月"报道所透露的家庭价值观研究》，《韩国家庭管理学会杂志》34（2），2016 年，第 29—50 页。

虑到调查对象忌讳表露负面的价值观，研究团队认为实际比例应该更高。

在这些做出肯定回答的父母中，第一个孩子为小学生和初中生的父母所占的比例分别是 15.1% 和 14.5%，两者没有太大差别。这表明父母不是因为子女尚且年幼才将其视为所有物的。这还暗示了不少父母不认可子女作为独立个体具有自主判断力和生存能力。调查还发现，独生子女、单亲家庭的父母从子女身上获得的幸福感尤其低，而其将子女视为所有物的倾向也更强烈。[①]

我认为，这种将子女视为所有物的观念可能就是经历压缩式现代化过程后，家庭的重要性与日俱增，开始占据个人生活的中心，两者之间愈加稳固的相互依赖性和归属感在子女养育问题上的反映。

哲学家权勇赫在《韩国家庭——一个哲学的视角》一书中分析："与其说韩国的现代自我（modern self）是一个载有自由、自主、权利的独立个体，不如说是家庭主义价值包裹下的自我。"

---

① 《子女养育是一个甜蜜的负担》，京畿研究院官方博客，https://blog.naver.com/gri_blog/220717134044，2016 年 5 月 23 日。

　　倘若形成自我的最底层空间——家庭，就充斥着唯有内部成员知晓的封闭氛围，忽视子女的自主性，那么在这种环境下长大的人自然很难形成独立的现代自我。如果父母认为社会的法则就是竞争，就是一方获胜，另一方失败的零和理论，那么子女很容易受到影响。家庭内部父母的权威越强，家庭成员间的互相尊重、体谅、民主式决策就会变得越困难。在父母的身份可以代际传递，社会竞争以家庭为单位的情况下，个人建立自我认同时就很难和家庭分离。

　　摆脱家庭主义的束缚，从心理上分离父母与子女，一般而言，不仅对父母来说很困难，对子女也不容易。他们在内心和内化的父母抗争、抚慰、逃离、协商、理解的过程，就是形成自我的成长过程。这个过程并不会随着年龄增长而结束，而是一生都要做的功课。

　　我认为，如何经历这个过程将对他们成为何种人产生重大影响。在自谋生路的竞争中，所有人的生活都带有利己家庭主义的烙印，在这样的韩国社会中，我们到底会变成什么样的人呢？

为什么家庭主义会扩散到职场、学校和社会

▼
▼

　　不知是否自己放大了感受，家庭称谓似乎正逐渐扩散到整个社会并扎根。虽然大家都逃避结婚，认为传统家庭价值在逐渐崩塌，但家庭称谓的扩散似乎与之背道而驰。

　　无论是到传统市场的果蔬店买水果，还是去大型超市，面对看似已过适婚年龄的女性客人，店员的称呼几乎都是"妈妈"。① 身边经常有三四十岁的未婚女性吐槽自己在市场上被人叫作"妈妈"，因此感到很不爽。最近"大妈"这个称呼开始带有明显的贬义，所以尽管很多时候更适合用"大妈"，但大家也逐渐改用"妈妈"一词。在我工作的单位，同事就管负责打扫工作的临时工叫"清扫妈妈"，这个称呼多少有点

---

　　①　在韩语中，尊称年纪较长的成年女性"어머님"，与"母亲"的韩文同音，意近中文的"伯母"。——译者注

奇怪。在职场上，大家如果相处得比较好，就会以兄弟姐妹相称。就连在烤肉店里，上了年纪的中年男子也会称呼服务人员为"姐姐"，少数情况下也会若无其事地称其为"阿姨"或"妈妈"。

公司中也是相同的情况。想必大家都听过"××家族的各位家人""××家庭运动会"等说法。某些公司在描述员工之间感情亲密、对员工很照顾时，也经常会说"公司是一个温暖的大家庭"。

社会瞬息万变，但家庭文化依然被美化，想强调共同体意识、照顾和责任时，就隔三岔五地用家庭关系来比喻，原本以亲情为前提的家庭人际关系也因此扩大到了社会关系。我们为什么会放着中立的称谓不用，非得更多地使用暗示家庭关系的称谓呢？

公司、学校和社会的家庭主义

韩国家庭主义的特征之一，就是家庭主义的意识、行为和关系延伸并扩展至社会领域，成为一种社会惯习。人们倾向于把公司或学校聚会等自己所在的团体成员当成家人看待。

最能淋漓尽致地体现这一特点的地方莫过于公司了。职场家庭主义将职场视为家庭的扩大场所，在家庭内出现的重要属性，也同样出现在组织和成员的意识与行为中。企业经常通过宣扬主人翁意识来标榜家庭主义，就像"把员工当成家人，把公司当成我家""我们都是一家人"等社训所言，职场家庭主义把与家庭相似的关系置于中心地位。

通过职场家庭主义，强调成员的忠诚、奉献、共同体、集体性、归属感，将父母与子女之间的垂直关系转化为职场中的上下级关系，而在普通员工与管理层的关系中，也要求普通员工对待管理层的态度要像家庭内子女对待父亲一样毕恭毕敬。

企业领域中"扩大的家庭体系"的突出代表，就是以家庭为基本单位的韩国财阀。在20世纪七八十年代经济高度增长的时期，企业经常会喊出家庭主义的口号。打着"家一样的企业"的旗号，企业要求员工无止尽地牺牲和奉献。企业不和员工签订合同，而是把家庭的逻辑带到公司，以权威式、垂直式的人际关系来控制员工。1987年的"6·29宣言"后，需要动用某些管理手段来缓和劳资矛盾时，企业又祭出家庭主义的大旗，塑造和谐的企业文化。当然，在组织调整或解雇员工时，这种家庭主义就会销声匿迹，好像根本就没有出现过。

学校也很善于使用家庭主义式的比喻。人类学家郑向真就拿 20 世纪 90 年代初和 21 世纪头十年的班主任制度中出现的家庭比喻加以分析 [1]："无论是 20 年前还是现在，与家人相关的比喻始终存在，这着实令人吃惊。"即便如今农业已逐渐消失，父母也仍会将生养儿女称为"子女农事"，而 21 世纪头十年接受研究人员访谈的教师，也经常使用"教育是耕耘"，培养学生"要像把耕种的植物当成家人、心爱的子女来耕耘一样"。在我们社会中，农事的比喻就是对家庭比喻的再比喻。

在说明班主任所扮演的角色时，21 世纪头十年的教师最常用家人来比喻，用得最得心应手且最为自然。"像父母一样""像妈妈一样""班里的孩子就是我的孩子""班主任就是学校的妈妈"等说法频繁出现。22 名访谈对象中，就有 17 名使用了家人的比喻。郑向真指出，在 20 世纪 90 年代初和 21 世纪初这两个时间点上，人们同样都通过家人的比喻了解班

---

① 郑向真，《班主任制度下的家庭比喻与家庭主义：持续和演变》，《比较文化研究》20 (1)，2014 年，第 157–189 页。

主任的角色，这说明此种方式已经持续了很久。

市民团体也不例外。一项针对家庭主义文化习俗的研究就指出，市民团体扎根于家庭主义，表现出对外部集团的排他性。[①]

人们在参与市民团体的活动时，主要也是通过"认识的人"。那位认识的人是小圈子的一员，而市民团体的服务与活动，则是靠紧密联系的团队来实现的。团体内的小圈子起到了核心作用，它对内拥有一个强力扣环，不属于该扣环上的会员，自然而然地就会被排除在外。

在市民缺乏自发参与意识的情况下，公民社会上的事件很难被看作"我们（我）"的事。而对外部集团的排他性，研究人员则是将其称为强大的"我们主义"——他们只对我们内部的事感兴趣，对外部发生的公共事件没有太大兴趣。

再从其他方面来看，正如家庭主义理念为了让生育后的女性扛起"独自育儿"的重担，即便女性无意退出劳动力市场，这也会降低她们的就业率（解雇她们）一样，在女性参与市民社会时，家庭主义也会扯她们的后腿。

---

① 郑尚根、宋在龙，《韩国"家庭主义文化习俗"对"市民参与"的影响》，《现象与人士》35（4），2011 年，第 91—118 页。

研究①结果显示，男性已婚者的社会参与度高，未婚者的参与度低；而女性则相反，未婚者的社会参与度高，已婚者的参与度低。女性在不需扮演配偶角色时社会参与度高，男性则恰恰相反。换句话说，未能成家的韩国男性，不仅主观的生活质量会降低，社会参与度也会变低。这意味着一个能牺牲自己、提供坚实后盾的女性，对男性而言是何等重要，也说明家庭作为"关系资源"的第一层社会关系，对男性来说要重要得多。与之相反的是，妻子这一角色对女性造成了很大的负担，成为女性参与社会的绊脚石。最终，"男主外女主内"的传统家庭主义，导致女性的公共社会事务参与度降低，阻碍了市民文化的发展。

较低的社会信任度与排他的家庭主义

家庭主义会使人以因血缘、地缘、学缘等结成的小团体为重，偏向小团体内部。这会使人对自己团体外的他人产生不信任，继而对社会也产生不信任，由此陷入一个恶性循环。

---

① 李恩惠，《韩国家庭主义与市民参与：家庭内社会角色对参与结社造成的影响》，首尔大学社会系硕士学位论文，2016年。

在现代化的进程中，人们为了生存需要随时动员家庭与亲属的资源。长久以来，从求职、看病到做生意等几乎所有公事私事，通常都是靠血缘、地缘、学缘等关系和背景来解决的，而非以公共伦理为基础原则。

正如韩国第40届法务部部长金淇春在草原河豚汤餐厅喊的那句"我们是外人吗？"[①]所象征的意义，在做出足以左右国家未来的重大政治决定时，"关系"也是核心所在。从在综合医院预约挂号这类私事，到左右政局的公共事务，你如果没有关系，就无法成事，这样的韩国简直可以被称为"关系共和国"。

在由学缘、地缘结成的类家庭内部，人们会把自己和所属团体视为一体。在团体内，权威主义、辈分意识、是非不分的温情主义盛行，而对外部团体表现出明显的排他主义。拥有类家庭主义倾向的人会追求露骨的阶级化，也会表现出强烈的排他性的地区利己主义。

比方说，韩国各地只要是有公租房小区的地方，就必定

---

① 第40届法务部部长金淇春，于1992年12月11日与政府机关长官在釜山草原河豚汤餐厅齐聚一堂。金淇春以一句"我们是外人吗？"企图煽动地域情结，以影响第14届总统大选选情。此事因遭窃听而被公之于众，被称为"草原河豚汤事件"。——译者注

会遭到周边商品房居民的嫌恶。后者会避免将孩子送至邻近公租房小区的小学，这样小学的学生人数就会减少，这所学校也因此沦为分校，甚至被撤销。

2015 年，EBS（韩国教育广播电视台）挑选了首尔的一个区调查区内小学生人数，发现总共 32 个小学中，学生人数不到 300 的迷你学校共有 6 所。再进一步调查这些学校的位置，发现它们都紧邻公租房或在公租房附近。参加节目的教育厅相关人士表示："一般住宅居民很忌讳公租房所在区域的学校。""他们讨厌和公租房混在一起，还有就是家里面积大的不喜欢和面积小的混在一起，然后是住在公寓的孩子和住在民房的孩子也不喜欢一起玩，这些问题很常见。"大人们砌筑的高墙在孩子们中间继续被垒高，墙的一侧感觉被抛弃，另一侧在优越感的耳濡目染下成长。[1]

当开发商把普通商品房和公租房混建，开发出一个社会混合（social mix）小区时，甚至还有居民在二者的楼栋之间设置铁网，拉起警戒。[2] 若不是这种情况严重，孩子们又怎会

---

[1] 朴永弼，《专题报道——迷你学校的真相第 2 集：学校也分公租房和商品房?》，EBS，2015 年 1 月 13 日。

[2] 安智贤，《商品房与公租房的"分裂"悲剧——尖锐的冲突一如既往》，韩国中央东洋放送株式会社，2016 年 6 月 9 日。

把韩国土地公社的公租房品牌 Humansia 和"乞丐"一词结合，发明出"Hu 乞族"这种说法呢？

因为有"穷人"居住而保持距离的排他性倾向，不只出现在公租房，还出现在大学宿舍。这种排他性倾向不仅表现在因公租房有穷人居住而与其保持距离，还体现在因私利反对周边建设大学生宿舍，甚至还有人嫌恶附近的幼儿园而加以反对。[1] 还有些妈妈投诉说，不希望孩子就读的幼儿园接纳非婚生子女。[2]

公然蔑视比自己"低下"的人，歧视那些"正常家庭以外的人"，包括未婚妈妈、移民劳工、多元文化家庭的孩子，这些都起源于排他性的家庭主义，即"只要不是我的家人就一点都不重要"。

最终，韩国的社会信任度见底。《2016 经济合作与发展组织社会指标》显示，韩国几乎所有指标都很糟糕，尤其在他人信任度、政府信任度、社会关系等反映社会认同的指标中，

---

[1]　反对建大学宿舍是怕大学生抽烟喝酒给孩子造成不良影响，并挤占当地居民的便民设施；嫌恶幼儿园是因为孩子发出的吵闹声，以及接送孩子时挤占停车位等。——译者注

[2]　朴美京，《不想和未婚妈妈的孩子上同所幼儿园——歧视未婚妈妈现象严重》，《韩国 NGO 新闻》，2016 年 8 月 12 日。

韩国在 35 个国家中排名 24 ~ 29 位，处于下游水平。[①] 我们的社会之所以变得如此冷漠无情，我认为最大的原因并不在于大家经常挂在嘴边的家庭解体、个人主义化，而是排他性家庭主义所带来的嫌恶和歧视。

① 朴永三,《由经济合作与发展组织社会指标看韩国进入"最危险"社会》,《韩民族日报》, 2016 年 10 月 12 日。

第四章 当家庭问题层出不穷

为了共存，我们该怎么做？

父母体罚禁止法如何改变社会？

▼
▼

看过"正常家庭"内外折磨孩子们的种种问题，我对韩国家庭主义的两个疑问——为何在家庭内无法尊重个性，在家庭外又无法尊重多样性——做了一番思考后，得出的结论如下。第一，因为缺乏支持家庭生活的公共角色。在没有社会安全网的情况下，所有的"保护"责任都转嫁给了家庭这个私域的安全网，而家庭的目标就是眼下的生存，它自然不可能顾及成员的个性。第二，社会竞争激烈而且个体需要自谋生路，因此个体必须以家庭为单位参与竞争。在这种条件下，个性和多样性没有立足之地。第三，只重视自身团体的家庭主义扩大到社会层面，排他性的态度也随之僵化，对他人及社会的信任感消失。

当这些问题得到解决后，社会又将是什么样子呢？这在现实中有可能发生吗？虽然每个社会的发展脉络不同，别人的经验并非放之四海而皆准，但有些国家也确实做到了。其一是瑞典，它也是每逢提及支持育儿、解决低生育率问题，便总是会被拿出来讨论的国家。韩国国内在提及瑞典的案例时，主要是站在成人的角度，认为瑞典的做法很可取。不过以孩子为中心来看待家庭问题时，瑞典采取的做法也很值得参考。

既然本书以孩子为中心所探讨的第一个家庭问题是体罚，那么首先来看看瑞典对体罚儿童的态度吧。瑞典是世界上第一个以法律形式禁止父母体罚儿童的国家，1979 年瑞典就通过法律全面禁止包括父母体罚在内的各种体罚，这比 1989 年生效的《联合国儿童权利公约》还早了 10 年。

而我曾任职的救助儿童会，在促使瑞典全面禁止体罚问题上扮演了重要的推手。2011 年，我与瑞典救助儿童会的活动人士马利见面，谈到有关禁止体罚宣传活动的话题时，我将体罚和韩国文化特性联系起来加以说明。当时，我也和许多人一样，认为"母亲的藤条"是韩国的传统。我说，棍棒教育是韩国传统的教育方式，所以开展禁止父母体罚的宣传活动可能会有困难，马利听了之后当场回应道：

"爱的棍棒！世界上几乎所有国家都会说这是自己的文化传统，认为那是文化特性、宗教教义，这才是体罚者最顽固的逻辑。瑞典也曾经如此。"

听到马利的话后，我想起 20 多年前看过的瑞典导演英格玛·伯格曼（Ingmar Bergman）的电影《芬妮和亚历山大》（*Fanny och Alexander*）。牧师残忍地殴打孩子的画面，以及电影阴郁的气氛，让人久久难以忘怀。电影制作于 1982 年，但这部电影的时代背景却是 1907 年。历史上，瑞典也有父母为了强迫子女服从而进行体罚的传统。根据马利的说法："基于孩子为父母所有的概念，瑞典鼓励父母棍棒相加的严格管教方式，甚至法律还会明文规定允许体罚。"

20 世纪 60 年代，瑞典法律还尚未禁止体罚。在当时的一项调查中，超过九成的父母回答曾经打过孩子。这表明，瑞典之所以能成为世界上第一个以法律形式禁止父母体罚的国家，并不是因为它从一开始就尊重孩子的人权。

瑞典禁止父母体罚之路也不是一帆风顺的。无论是在瑞典国内还是在国际上，通过法律禁止父母体罚都是相当具有争议性的话题。制定法律时，欧洲媒体针对此事进行了大篇幅的报道，当时一家法国报纸甚至冠以"瑞典人已经疯了"

这样的标题。①

尽管禁止体罚在初期遭到诸多批判和质疑，但之后其他国家却纷纷跟进。30 多年后的今天，瑞典殴打孩子的父母不到一成，儿童受虐致死事件也大幅减少。相较于 20 世纪 70 年代，1994 年因虐待而被送往斯德哥尔摩医院的孩子的人数是原先的1/6，2000 年后瑞典则几乎再也没有孩子受虐致死。②

在这 40 年间，这种变化是如何发生的？

禁止体罚前

在瑞典通过法律禁止父母体罚前，这一问题历经数十年的演化和争论。研究人员指出，1909 年，作家爱伦·凯（Ellen Key）的著作《儿童之世纪》（*Das Jahrhundert des Kindes*）是变化的起点。爱伦·凯在书中呼吁将儿童的需求摆在优先位置，敦促瑞典社会做出改变。现在大家都可能对

---

① 《瑞典如何成为世界上第一个禁止体罚的国家》（*How Sweden Became The First Country in The World to Ban Corporal Punishment*），瑞典广播电台，2015 年 7 月 1 日。

② 琼·杜兰特，斯塔凡·詹森，《法律改革，体罚和虐待儿童：基于瑞典的案例》（*Law Reform, Corporal Punishment and Child Abuse: The Case of Sweden*），《国际受害者学会评论》12，2005 年，第 139—158 页。

此点头称是，但在当时这是极为激进的一项要求。

20世纪初期，整个欧洲对儿童的认知逐渐发生改变。1923年，英国社会改革家兼救助儿童会创办人埃格兰泰恩·杰布（Eglantyne Jebb）发表了一篇宣言，主旨是孩子也有不可侵犯的独立人权，而此宣言成为后来《联合国儿童权利公约》的基础。

1928年，瑞典禁止中学校园内的体罚。20世纪30年代，各国对儿童和童年有了新的观点，关于体罚是否妥当的问题也通过各种媒体广泛深入地进行探讨。当时，瑞典一家报纸刊登了连载报道，揭露居住在福利机构的儿童所受到的非人待遇，这也成为把机构内长期存在的严重虐待现象诉诸公论的契机。10年后，少年管教所的各种体罚被禁止。

第二次世界大战后，家庭成为瑞典政治争论与政府改革的核心议题，关于暴力式管教是否正确的争论也随之升温。不只是对孩童的暴力与虐待问题，还包括政府对家庭与儿童的情况、儿童福利所肩负的责任，它们均成为政治议题。提倡改革的人士认为，社会有责任为孩子创造美好的居住环境。政府提供各种儿童福利、学校免费午餐、产前检查、儿童医院、学校医疗保险等，父母也能收到家庭所需的各种信息，包括健康、营养、育儿，以及如何为儿童设计一个安全的房屋。

直到 20 世纪上半叶，瑞典的学校依然会以教育为目的进行体罚。1945 年，议会开始讨论以法律形式禁止包括小学在内的所有学校的体罚，而很多议员虽然原则上赞同禁止体罚，但就连这些人自己也不相信体罚可以就此被禁止。他们中有很多人担心，一旦体罚遭到禁止，教师要如何管教孩子；而多数家长则认为老师有权利打孩子。在经过长时间的唇枪舌箭后，瑞典最终在 1958 年出台了全面禁止所有学校内体罚行为的法律禁令。若单就禁止学校内体罚而言，挪威早在 1936 年就出台了法律予以禁止，比瑞典更早。

随着人们对儿童与子女养育的理解和认识的提高，人们的观念逐渐转变，法律也做出了相应修订。在不平等的权利体系中，保护弱者免受强者暴力伤害的措施也同样反映在法律上。举例来说，19 世纪后期法律就禁止丈夫对妻子施暴，而 20 世纪初期又禁止了雇主对雇员施暴。

20 世纪 50 年代中期，瑞典法律仍允许父母体罚子女，但在 1957 年和 1966 年做出两次修订，分别在与儿童和父母相关的法律和刑法上删除了可以使用体罚的条款。

尽管法律有所改变，但大家对体罚行为依然很宽容。1971 年，有六成瑞典民众回答，不知道法律不允许体罚行为。同样在 1971 年，父母体罚子女成了一个社会议题，起因是一名父亲将 3 岁孩子虐待致死，但其行为因被认定为管教的一部分而促使这个父亲被无罪释放。这说明单纯删除允许体罚的字眼是不够的。该判决引起社会的公愤，接连几年，社会舆论都在讨论如何预防儿童被虐待，非政府组织也持续举办大规模活动，敦促禁止体罚的法制化。后来到 1977 年，政府组建儿童权利委员会，开始讨论修订禁止父母对子女体罚的法律。[①]

"找不到树枝，请用石头砸我吧"

围绕父母体罚的社会争论愈演愈烈，许多知名人士也参与其中，其中一位就是以《长袜子皮皮》(*Pippi Long Stocking*) 闻名于世的儿童文学作家阿斯特丽德·林格伦 (Astrid Lindgren)。在瑞典通过禁止父母体罚的法律的前一

---

① 琼·杜兰特，《针对儿童的家庭暴力：一个社会挑战》(*Family Violence Against Children : A Challenge for Society*)，柏林：德古意特出版社，1996 年，第 19—25 页。

年（1978年），她荣获德国图书协会颁发的和平奖，并在颁奖典礼上进行了演讲。

在这场名为"永无暴力"的演讲中，阿斯特丽德·林格伦讲述了自己年轻时从一位女性那里听来的故事。这位女士在初为人母之时，社会上盛行"不舍得打孩子，就会毁掉孩子一生"的观念。有一天，年幼的孩子不听话，为了管教孩子，这位女士让孩子找根树枝来。这也是韩国妈妈们经常使用的方法。她们要孩子亲自把树枝拿过来，还要他们自己决定打几下，以此警告"你也知道自己哪里错了吧"，并让他们自我反省。

可是男孩出去找树枝，过了许久才回来，他一边拿出石头，一边告诉妈妈："我找不到可以用来打人的树枝，请您用石头砸我吧。"

孩子的想法是，"既然妈妈希望打疼我，那用石头代替树枝也行吧"。天真无邪的孩子说出的这句话，突然让母亲从孩子的眼神里体会到了他的心情。她这才领悟到自己对孩子做了什么，于是一把将儿子拥入怀里，抱头痛哭了好久。之后，母亲将儿子捡来的那块儿石头放在厨房的置物架上，以此提醒自己不要忘记那一刻立下的誓言——从今往后再也不打孩子。

当时，社会关于禁止体罚的争论相当激烈，而林格伦的一席致辞产生了巨大影响。虽然不知道打了孩子之后，是否真如拥护体罚的人士所言，能带来当下"改善"的表面效果，但从以往的历史来看，暴力只会引发更多的暴力，让两代人之间的代沟变得更大、更危险。林格伦的观点为纠正人们的错误认识做出了极大贡献，让大家了解到，体罚并不是父母的管教方式，而是对弱者的一种暴力。

我希望那些认为体罚不算什么、禁止体罚也不重要的人，能够仔细聆听一下林格伦的演讲。

"在零暴力的环境下养育孩子，就能创造出永远和平生活下去的新人类吗？也许只有儿童文学作家才会这样回答。这是一种乌托邦吧！我也知道，这个贫穷和痛苦的世界要拥有和平，有很多其他事情要做。但此时此刻，明明不是处于战争时期，世界却充满了残酷和暴力，孩子们也无法视而不见。孩子们每天都在目睹、听闻这些暴力，最终也会相信，暴力是一种理所当然的状态。难道我们就不能从家庭开始，呈现出一种新的生活方式，给孩子树立榜样吗？在厨房的置物架上放小石子，以提醒自己绝不能使用暴力，这会是一个很好的点子。无论如何，这些都会为世界和平做出小小的贡献。"①

世界上首次禁止父母体罚

1979 年，也就是林格伦演讲后的第二年，也是联合国指定的世界儿童年。林格伦向联合国提议制定《儿童权利公约》，而瑞典议会对儿童生活质量的关注也达到顶峰。负责研讨法律是否应当禁止体罚的儿童权利委员会达成一致，光是删除允许体罚的条款还不够，对体罚是否被禁止的解释仍很模糊，因此需要明确表现禁止的文字。同年 3 月，议会通过这项法案。该法案包含以下内容：

儿童享有受抚养权、受保护权和受照顾权。儿童的人格与个性应受到尊重，任何人不得对儿童实施体罚，或其他任何形式的侮辱行为。

这项法案从法律上禁止了在此之前被认可的轻微体罚，

---

① 阿斯特丽德·林格伦，《永无暴力》(Never Violence)，《瑞典书评》2007 (2)，2007 年。

却没有关于违法者的处罚条款。只要不被判定为虐待这一处罚对象，人们就不会因为体罚而有牢狱之灾。尽管如此，这项法案通过时，仍有不少人批判道："这是想将父母变成犯罪者吗？"而部分拥护父母体罚的人表示，这违反了《欧洲人权公约》第 8 条关于保护私生活和家庭生活权利的规定，甚至向欧洲人权法庭请愿，要求判定该法律无效，而欧洲议会驳回了这项请愿。①

　　法律修订的目的是改变人们认为体罚是理所当然的，是养育子女所必需的思维方式和文化规范，因此瑞典政府在通过法案后举办了大规模的宣传活动，广而告之。政府把《体罚禁止法》及代替体罚的管教方法做成了 16 页的说明小册子，除了本国语言外，还将其翻译成德语、英语、法语、阿拉伯语等，印发给全国有孩子的家庭。另外，有两个月时间，牛奶瓶上都贴有《体罚禁止法》的说明文字；儿童医院和产前门诊也共同参与了宣传活动。

　　1981 年，也就是法案通过两年后，瑞典 99% 的家庭都知道了这项法律。虽然瑞典是个国土面积相对较小的国家，实

---

　　①　瑞典国家政府办公室及瑞典救助儿童会，《杜绝暴力——回顾瑞典废除体罚三十年之历程》(*Never Violence——Thirty Years on from Sweden's Abolition of Corporal Punishment*)，2009 年。

现这个壮举的难度也相应较小，但一个国家中有如此多的人都了解一项法律，这几乎是空前的。这项法律也是在所有工业现代化国家中实施的法律知识调查中，公众给予的正面评价比例最高的。① 这足以证明瑞典政府为了通过法律来改变文化规范做出了很大努力。

瑞典政府以法律形式禁止父母体罚并以此为目标，不仅是为了改变文化规范，同时也是为了保护并明确认可孩子的身体权（physical integrity）。这不只是管教方法的改变，而且是态度的改变，即身体权是儿童的基本权利。

在以法律禁止父母体罚之际，除了保护孩子免受体罚等暴力，防止孩子在家中、道路上、运动场、学校等场所发生安全意外的呼声也逐渐高涨。当时瑞典还追加了一些细节条款，如取暖炉必须有高4英寸② 以上的安全装置，要移除电器设备、楼梯、门、开闭装置等建筑中威胁孩子安全的危险物。瑞典法律还规定从1981年开始，新建住宅区必须确保孩子有阳光照射的空间、嬉戏空间、堆沙玩具桌等，而有秋千

---

① 琼·杜兰特，格雷格·奥尔森，《父母保护和公共政策：瑞典体罚禁令具体化》（*Parenting and Public Policy：Contextualizing the Swedish Corporal Punishment Ban*），《社会福利与家庭法杂志》19（4），1997年，第443—461页。
② 1英寸＝2.54厘米。——译者注

和滑梯的公园必须位于从家中步行不多长时间就可到达的地方。从 20 世纪 70 年代开始，瑞典强化了安全座椅、安全带、自行车安全帽等相关规定；80 年代则提倡安装儿童安全座椅，并以"柔弱的孩子，坚硬的汽车（children are soft，cars are hard）"为主题举办了大规模宣传活动。

在尽可能减少孩子暴露于危险与暴力环境中的社会风气的带动下，禁止体罚法制化才得以实现。社会达成共识，孩子的身体权与安全是第一位的，基于此类的儿童安全政策，与以法律禁止父母体罚的政策并行。父母体罚子女最常用的理由就是保护孩子免于危险境地，而这些正是尽可能减少孩子置身于危险的预防措施。

同时，在禁止父母体罚的前提下，1979 年，为了减少孩子在日常生活的其他方面陷入暴力的环境，相关行业达成协议，自觉限制暴力玩具的营销与贩卖。而在 10 年后，相关行业还达成协议，对玩具销售广告进行限制。

儿童权利优先的政策

时至今日，瑞典仍是全世界儿童权利最领先的国家。经过数十年时间，儿童权利体现在法律、政策、福利项目上；同时，实现个人尊严（integrity）在家庭内外的平等权利也被视为政府应该承担的责任。

国家将儿童视为有权受到国家保护的个人并实行相关保护制度，而非将其视为归属于父母的存在。国家承担了孩子监护人的部分责任，同时为了让孩子有权自行决定人生，强制规定孩子在必要时可以违背父母的意愿。为了保障孩子的人格权，国家介入了传统上被视为私域的家庭，打造"透明家庭"。禁止体罚就是瑞典政府实行的众多儿童权利政策中的一环。也就是说，政策上将孩子视为受限于自身身体和政治上的脆弱性，而需要给予特别关注的独立个体。

国家禁止父母在家庭内养育孩子时使用暴力，在某种程度上可以看作要求家庭脱离私域，也就是家庭内发生的行为不再属于私生活。

然而，禁止体罚并不是父母与子女之间的零和游戏。在瑞典禁止体罚十年后，制定《联合国儿童权利公约》时，反对的呼声也开始高涨，有人认为该公约规定了儿童的权利，是反家庭的，等等。不过，《联合国儿童权利公约》仍强调一个好的家庭环境的绝对重要性，还强调要向面临危机的父母提供共同体的支持。对子女施暴意味着家庭碰上了危机，因此为了保护儿童的生活、福利和尊严，此时政府便有必要介入。

对于孩子来说，家庭是最重要的空间和关系，但同时也是最危险的。因为大部分虐待儿童均发生在家庭内，发生在日常生活中。尽管如此，《联合国儿童权利公约》也并未主张要处罚所有体罚孩子的父母，而是规定政府有义务给予支持，让父母能够好好养育孩子。在这方面，瑞典政府推出了一系列支持父母育儿的先进政策，包括宽容的育儿假制度，缩短子女年幼者的工时，提供购房补助，为无法工作的父母提供医疗保险等，具体内容会在后文中介绍。

波兰教育家雅努什·科扎克（Janusz Korczak）是儿童人权运动的先锋。他曾说过，"世界上有许多骇人听闻之事，但其中最可怕的，莫过于孩子害怕自己的爸爸、妈妈和老师"。

法律之所以禁止包括父母体罚在内的各种体罚，其目的很单纯，就是要明确地表达出什么样的行为是无法接受的，以及在暴力与非暴力之间画出一条纯粹且明显的线。成人的职责在于教导孩子，即便不依靠暴力和胁迫，也有办法解决问题；而政府的职责则在于创造非暴力养育孩子的环境。要达到这个目标，除了禁止体罚的法律，政府必须提供父母所需的各种支持，政府和社会必须齐心协力，创造出系统的必要环境，好让父母有足够时间和精力成为孩子的榜样。

生活回归个人，解决问题要靠集体

▼
▼

家庭相关的政策，尤其是对孩子造成影响的政策，是反映一个社会重要价值的高灵敏度传感器。不同的政治文化，催生出不同的家庭政策，其涉及范围非常广。好比在美国，家庭是不惜抵抗国家干涉都需要加以捍卫的私人圣地，但也有像苏联的集体养育一样，将家庭视为需要打破的旧封建，一切追求集体化，从而走向了另一个极端。

如同前述，瑞典以法律形式禁止父母体罚反映出这样一种价值观，即为了保护脆弱的孩子，国家可以限制强者（父母）的权利。那么，这是国家以极权主义的方式过度介入家庭私生活吗？

瑞典人却以完全相反的角度，解释说"这是高度维护个人主义生活方式的方法"。2011 年的瑞士达沃斯世界经济论坛上，瑞典历史学家拉斯·特雷葛（Lars Tragardh）发表的《关于爱的瑞典式理论》（*Swedish Theory of Love*）就秉持这样的逻辑。

这个理论认为，真正的人际关系只可能发生在彼此不相互依赖，个人之间没有不平等权利关系的时候。也唯有在自主且平等的个人之间，爱情与友情等人类之间的交流才可能实现。甚至在父母与子女的关系中，如果彼此依赖，两者之间存在强迫对方接受屈辱的权利关系，那么真正的爱就无从谈起。而国家有义务把个人从这种屈辱感中解放出来。

在瑞典，政府为消除家庭内的这种依赖与屈辱的可能性，保障个人自主性，制定了非常详细的政策并制度化。政府通过禁止父母体罚、提供育儿津贴、强调儿童人权，让孩子从父母手中获得独立地位。同时在学生申请贷款时，政府不会去调查其父母的资产，赋予了年轻人从家庭中独立的自主权。通过夫妻分开报税、普遍化的公共保育系统，消除了女性对配偶的依赖和归属。

基于瑞典的高税率和众所周知的社会福利制度，这可能很容易让人误以为这个国家是为了形成社会团结（social solidarity），而要求个人利益做出让步甚至做出牺牲的社会，但事实并非如此。瑞典或许可以说是世界上对家庭依赖度最低，而个人化程度最高的国家。

根据《世界价值观调查》（*World Values Survey*）的结果，一直以来，瑞典在重视个人自我实现与自主权方面，在世界上首屈一指。而查看《世界价值观调查》数据库①我们也可以发现，1981—2015 年"世俗—合理性价值"（宗教、传统家庭价值、权威的重要度低，而对离婚、堕胎、安乐死等包容度高）和自我表现价值（对环境保护、外国人和性少数族群的包容度高，对性别平等、参与经济和政治方面决策过程的要求高）相交的坐标中，瑞典总是位于最高的位置。

但这并不意味着家庭解体或重要性降低，只是强调自主权和平等的道德规范已经渗透到家庭内罢了。瑞典的理想家庭是由彼此不互相侵害身体权的成员组成的，包括各自从事自己的工作，在经济或养育负担上都不相互依赖的夫妻，以及被鼓励尽早独立的儿女。与其说这损害了家庭价值，不如说家庭作为社会制度已经进入现代化。

尽管家长（父亲）的权威、妻子的奉献和子女的服从不再是家庭的规范，但瑞典的成年人非常看重为人父母这件

---

① www.worldvaluessurvey.org/WVSContents.jsp？CMSID ＝Findings.

事。比起意大利和西班牙这些传统家庭文化强势的国家，瑞典的生育率更高，父母和子女的共处时间也名列前茅，即便八成以上的 20 ～ 64 岁女性参加工作也是如此。这是如何办到的呢？

集体性的解决方法和"冷信任"

瑞典的一个重要理念就是保障个人生活的独立性，而个人生活质量取决于集体责任。人们有一种强烈的文化信念，即社会问题必须由集体解决，而政府应在其中扮演重要角色。

有趣的是，即便瑞典算得上是全世界个人主义程度最高的社会，但瑞典的个人主义并未走向我们常说的失范（anomie）、疏离、信任崩溃状态。这些都是传统社会理论在解释从温暖的共同社会（gemeinschaft）转变为冰冷的利益社会（gesellschaft）时经常列举的变化。在《世界价值观调查》中，包括瑞典在内的北欧国家都是社会信任度最高的国家。超过一半的受访者表示最重视个人的自我实现，同时也信赖他人（包括陌生人）。他们对法律、行政等社会制度的信赖程度也很高。高度的社会信任和拥护法治会带来很大的制度红利，原因在于它们降低了经济上的交易成本。

　　2011 年，当金融危机席卷全世界时，瑞典并未受到太大影响。原本预期社会福利支出高，可能会难以对抗经济危机的冲击。但在金融危机中，瑞典和其他北欧国家却展现出了很强的凝聚力。在金融危机重创全世界的情况下，各国纷纷投以关注的目光，想知道北欧国家独善其身的秘诀是什么。2011 年瑞士达沃斯世界经济论坛上，北欧国家共同发表了《北欧模式》(*The Nordic Way*)，似乎是作为对此问题的回应。文中对现代福利国家的权利关系进行了饶有趣味的比较。① 比较福利国家的社会契约中所展现的"个人—家庭—国家"之间的关系类型可以发现，美国重视个人和家庭关系，德国重视国家和家庭的关系，而瑞典则重视国家和个人的关系。

　　这种以国家和个人之间的关系为重的瑞典式社会契约，被称为"国家主义式的个人主义"(statist individualism)。在这里，对个人自主性的强调并未削弱对国家积极作用的信赖，国家反倒成为人民的同盟，是守护个人自主性的助力者。

----

　　① www.globalutmaning.se/wp-contentluploads/sites/8/2011/01/Davos—The-nordic—way—final.pdf.

个人之间的地位与严重不平等的传统父权制，才是国家主义式的个人主义者抗争的对象。

也有学者将瑞典这种国家主义式的个人主义称为"冷信任"（cool trust），与亲密关系中的服从、牺牲和互相依赖所形成的"热信任"（hot trust）相对应，是一种强调并尊重个人自主性和平等的高度社会信任。

2016 年 9 月，韩国 CBS（哥伦比亚广播公司）电视台制作的《必定到来的一人家庭时代——刻不容缓的课题》节目中，瑞典历史学家拉斯·特雷葛教授在受访时这么说：

众所周知，瑞典人的个人主义倾向强烈，但同时对社会的信赖程度也很高，看起来独树一帜，但其中的缘由非常简单，只要想象一下信任的范围，也就是能够信任对方到何种程度就行了。比如韩国，信任范围主要集中在家庭，也有像瑞典那样的，信任范围延伸至政府这个比家庭更遥远的地方。这就好比一个圆，信任的半径延伸到位于边缘的政府或市民团体。我将此称为"冷信任"，也就是清爽又开放的信赖关系。而集中于家庭的信赖形态，炽热且有管束的性质，称为"热信任"。与之相反，冷信任虽然看似冰冷，但也因此稳定且具有包容性。①

　　瑞典之所以能够成为世界上第一个通过法律禁止父母体
罚的国家，不是靠父母自行改变态度，私下解决经常被视为
"家庭内的问题"的，而是引入"法律"这个社会性解决办
法，并由政府从保障个人自主权的方向来建立制度，在这样
的社会氛围下才得以实现的。人们必须接受政府针对孩子与
家庭相关事项的详细规定，并相信这些政策规定会带来实际
改变，这样才有可能实现。

　　大多数家庭会经历的问题必须通过集体的方式解决，而
其中政府扮演了重要角色。这种文化信念究竟是如何形成的
呢？要理解这点，就必须先回顾 20 世纪 30 年代全欧洲所经
历的低生育率问题。

与众不同的低生育率应对方式

　　瑞典的家庭政策架构形成于 20 世纪 30 年代。当时的欧
洲受到工业化和经济不景气的影响，各国都面临低生育率问

―――――――――――――

① 《必定到来的一人家庭时代——刻不容缓的课题》，CBS，2016 年 9 月 15 日。

题。这会让人联想到"国家的自杀",许多国家试图用回归传统家庭类型的方式来解决,并期待缩减已婚女性的工作权利,以及禁止避孕来解决问题。

举例来说,意大利前总理墨索里尼宣布"生育战争",一方面强调男人应该上战场,女人应该上产房。性教育、避孕、堕胎、离婚都遭到禁止,多生多育的母亲则被授予勋章,并获得财政上的补助。另一方面,膝下无子的父母会被处以罚款,甚至还开征单身税。女性为了服务生育这个"国家大义",必须待在家里。

然而,墨索里尼的"生育战争"失败了。他原本野心勃勃地计划着 4 000 万人口可以提升至 6 000 万,结果却背道而驰——结婚率没有增加,生育率反而降低,人口比过去更少了。[①]

意大利的经验,不禁让人联想到韩国行政自治部和保健社会研究院提出的解决方案。前者将女性视为"行走的子宫",各个地方政府制作标示有育龄女性人数的生育地图;后者则将低生育率归因于女性的高学历,所以提议降低女性受

---

① 李相宪,《李相宪谈生活与工作:"深山小屋的研究"让瑞典避免人口断崖》,《京乡新闻》,2017 年 1 月 19 日。

教育水平，并让女性下嫁比自己条件差的男性。[①] 这些强制女性只能生孩子的低劣对策不只现在才出现，20 世纪 30 年代的欧洲也曾出现过，[②] 但无论是过去的欧洲还是现在的韩国，这些对策都不曾成功过。

瑞典则选择了另一条路。学者默达尔夫妇（Gunnar Myrdal 和 Alva Myrdal）为瑞典的家庭政策奠定了基石，他们在 1939 年出版的《人口问题的危机》（*Crisis in the Population Question*）中呼吁关注低生育率，强调要进行改革以提升家庭生活质量。他们提议，国家必须给予家庭财政上的激励，使家庭拥有稳定的经济基础并愿意生儿育女。

默达尔夫妇一方面鼓励大家要自愿成为父母，另一方面又特别强调不应强迫女性成为母亲。考虑到即便是在 21 世纪的韩国，这种思维方式依然未能普及，我们便可想到这在当时是何等激进的提议。瑞典的家庭政策有一项重要内容，就是重视政府的性教育，允许避孕和堕胎，这就源自对自我意愿的重视。

同时，政策的核心还在于"夫妇自愿生育的家庭，社会

---

① 李英敬，《即时 SNS：低出生率，问题出在女性高学历？》，《京乡新闻》，2017 年 2 月 26 日。

② 李胜宇，《低生育率预防对策未见成效》，《韩国经济》，2008 年 12 月 31 日。

将协助其生育和抚养，并一同照料孩子的未来"。他们认为，女性不必在工作和育儿之间二选一，而应由社会分担养育的负担，由社会解决教育、医疗、住房等问题，让夫妻没有后顾之忧。

国家接受了上述鼓励生育的政策，制定了我们今天所熟知的瑞典式福利政策，包括女性产前产后的休假制度、低收入家庭的住房补助、普及的医疗保险、免费教育、育儿津贴等。随后在20世纪60年代，随着大规模的工业化，女性大举进入劳动力市场，引发了舆论对"工作和育儿兼顾是否只是女性责任"的讨论。政府则是称之前为方便女性兼顾工作和育儿而制定的政策，同样适用于男性。到70年代，随着对儿童权利的关注越来越多，政府组建了儿童权利委员会，并且提议立法禁止父母体罚。

自愿成为父母、两性平等、实现儿童权利，国家对这三者的支持依旧是今日瑞典家庭政策的核心。[①] 其结果就是瑞典的总和生育率在2.0左右，可以维持现有人口水平。

---

① 琳达·哈斯，《瑞典的家庭政策》(*Family Policy in Sweden*)，《家庭与经济问题杂志》17 (1)，1996年。

育儿假和育儿支持政策

瑞典用来解决儿童需求、提升家庭生活质量的方法中，最能体现集体性的就是育儿假制度。妈妈的带薪育儿假始于1940年，并在1970年将适用对象扩大到了爸爸，改为父母育儿假。

每名子女的父母育儿假可达480天，总计16个月，但父母其中一人无法全部使用。在所有假期天数中，爸爸和妈妈至少需要各自使用三个月，若不使用，假期天数就会自动作废。育儿假期间会提供基本薪金的80%。从1979年开始，父母在最年幼的孩子满7岁前，工时减至原来的85%。

通过父母育儿假制度，男女分担家务变得水到渠成。在韩国，育儿假的负担会让雇主尽量避免雇用女性；而在瑞典，父母就不需要有这种顾虑，因为男女皆可申请育儿假。改善工作环境，以兼顾工作和育儿的核心，在于让两性都充分拥有照顾孩子的时间和精力。这同时也反映出社会和生活不能回到以工作为中心的理念。

育儿假制度的推广实行，使得未满18个月的婴儿进入保育机构的比例降低，而且可以在家中获得父母其中一人的照料。瑞典约有一半的婴儿和九成以上的幼儿进入保育机构，而其中公立的保育机构占到了 75%。1991 年议会通过决议，父母若正在工作或求学，其 18 个月以上的所有子女都应该在日托中心（day care）或家庭托育中心（family day care）^①占有一个名额。保育机构的规模和教师素质均受到严格管理，它不单是在父母无法亲自照顾孩子期间提供保护功能，也反映出孩子是一个独立个体，同样需要教育和社会互动，而养育的责任并不仅在父母身上的理念。

所有机构的托育费不得超过一般家庭收入的 3%。在育儿假结束后，若家中 1～3 岁孩子未使用保育机构，父母则可以得到政府提供的家庭育儿津贴。除此之外，所有孩子在 16 岁之前都可以领取育儿津贴（免税），16 岁之后则变更为教育津贴。即便父母因失业或生病而失去收入，政府仍会提供经济补助，协助养育孩子。

政策优先考虑的是减少父母面临工作与育儿冲突时的压力，使孩子得以健康成长。父母无须在工作和育儿之间二选一，孩子也就不会被父母看作负担，或是成为家庭经济困顿及压力的来源。

———————————

① 私人在自己家中设立的托育机构。——译者注

在各种政策中，有一项预算投入不是很大的政策相当值得我们关注，那就是以"育儿咨询所"为中心的父母教育。该政策以新手父母为对象，教导儿童发育过程、养育方法、父母责任、正面管教的方法等各种知识。并且从法律禁止父母体罚的 1979 年开始，瑞典实施产前、产后各 10 个小时的带薪休假制度，以使新手父母更好地享受该政策。

在瑞典提及父母与家庭时，并不单指婚姻制度内的关系。从 20 世纪 70 年代开始，瑞典禁止处罚婚姻制度外的生育行为。1977 年，法律明文规定，夫妻双方即便是离婚或分居，都必须自动承担共同抚养孩子的义务。

瑞典有近一半的孩子是在婚姻制度外出生的。2005 年，在我还是名记者的时候，曾经担任《生育率 1.19 的冲击——逐渐变小的韩国》的采访组长，并刊登了系列专题报道。[①] 当时的采访策划是比较生育率高和生育率低的国家之间的差别，我也亲自前往当时出生率低迷的日本和西班牙，以及出生率极高的瑞典和法国进行了采访。

虽说提高生育率离不开各种制度和政策的综合保障，但

---

① 《议题连载：生育率 1.19 的冲击——逐渐变小的韩国》，《东亚日报》，2005 年 6 月 28 日—2005 年 7 月 8 日。

当时我在整理全系列报道内容、比较各国的政策时发现，最显著的差别在于对"差别"的宽容程度。生育率恢复的国家有一个共同之处，那就是不会将婚外生育视为对"正常家庭"的挑战或逾越而进行歧视和排斥，瑞典就是典型的例子。

也有人担心，一旦婚外生育增加，家庭价值就会遭到破坏，但瑞典有 2/3 的情侣在孩子出生后才步入婚姻，92% 的男人当即承认当父亲的事实。而无论父母是否结婚，瑞典大部分的孩子都与亲生父母同住；即便父母离婚，父母也会共同抚养和照看孩子。

反对公共保育普及化的人认为，过度的公共保育有损家庭生活，阻碍儿童正常养育，导致家庭瓦解，因而对其加以批判。但正如我们今日所目睹的，即便瑞典普遍实施公共保育，但父母和子女共度的时间也没有减少，反倒还增加了。在瑞典，爸爸一天陪伴孩子的时间为 300 分钟，而经济合作与发展组织成员国的爸爸陪伴孩子的平均时间为一天 47 分钟。韩国呢？ 6 分钟。[1]

---

[1] 郑多云，《雇佣劳动部长官李基权与瑞典大使安妮霍格伦德关于兼顾工作和家庭的座谈会》，《每日经济》，2017 年 5 月 8 日。

生活回归个人，解决问题要靠集体

　　瑞典的经验告诉我们，生活回归个人主义，解决之道回归集体主义，此时就能解除我们所经历的危机，包括低生育率在内。和瑞典相比，韩国恰恰相反，韩国的生活是靠集体主义，解决之道则依赖个人主义。在很难认同个性的家庭，以及各种排他性关系的包围下，要靠集体主义的方式生活下去，但育儿、教育、住房等则靠个人想办法解决。

　　我们不必说瑞典是小国才办得到，或这不符合韩国国情而对此加以贬低。韩国的社会主流动不动就拿来做比较的美国，也是韩国难以匹敌的大国。这并不是单靠资本主义就能实现的事，所以有必要综合考虑各种模式。

　　瑞典的经验告诉我们，只要通过政策提高个人自主权且以平等方式进行，就能提高社会信任度，增强社会凝聚力。如果家庭成员之间的相互依赖性减少，父权家庭秩序势力减弱，那么会有更多人认为自己是有力量的，对生活的满意度也会提升。

　　在迎接禁止父母体罚三十周年时，瑞典救助儿童会和政府发布了一份报告书，从中可知瑞典媒体将 30 年间对抗暴力的道德勇气得到提升也视作施行该法律后的成果。看到邻家男人殴打孩子时，即便是十多岁的少女也可以挺身说出"这是违法行为，不可以"，可见瑞典社会对此已相当敏感。

特别是女性，政府必须确保她们不用放弃成为母亲的可能性，也可以通过工作来规划自己的人生。欲达成此事，我们需要的不是回归传统家庭，而是需要个人化的家庭政策，用集体的方式解决几乎所有人都会经历的痛苦问题，以支持个人更自主地生活。

想让国家往这个方向发展，公民社会必须更加积极主动，蓬勃向上，在政府的决策过程中，公民社会也必须积极参与其中。瑞典极高的社会信任度并非凭空出现的，而是深受教会、工会、公民团体等多个社会机构积极参与政府决策过程，也就是参与式治理的影响而逐渐形成的。

如何让国家成为推动个人自主、平等、保护弱者的主体以及公民的支持者，而不是打压和管控的工具，可以说这是韩国社会正面临的另一项课题。

共同生活，将家庭的重担交给社会

2017 年 4 月底，首尔钟路区通仁洞咖啡工坊的店门前，挂着一条"请别过问我的家庭"的横幅，现场有韩国未婚妈妈援助网、韩国单亲父母联合团体、欢愉的中心①等摆设的摊位，向行人分发未婚妈妈和性少数族群歧视问题等宣传页。

咖啡工坊每年会在 5 月来临前，决定当年的主题并举办免费咖啡赠饮活动。2017 年，他们选择的主题是"不要过问彼此的家庭"，宗旨在于呼吁大众思考一下，过问他人家庭状况或要求在履历上写家庭关系，为什么对某些人而言是不自在的事；并提醒大众尝试多去了解多元文化家庭，而不是排

---

① 欢愉的中心（신나는센터），为争取性少数族群的人权而成立的社会团体，在改变韩国社会对同性恋、性少数族群的认知上扮演着重要角色。——译者注

斥或同情这类不属于"正常家庭"的家庭。在准备活动的过程中，咖啡工坊的年轻咖啡师也将自己对家庭的想法上传到了博客上。

"希望不熟的人之间可以不要提起家里的事。""希望可以不要在工作场合，理所当然地询问父母从事什么工作。""我不怎么喜欢什么样的家庭月这种话。我是出生于'负面的非正常家庭'，但家庭月感觉是给'理想的正常家庭'过的，其中必定存在歧视与偏见。"

以"理想的、正常的"家庭为前提而提出的相关问题，如"你父亲是做什么的"，这对于20多岁的人来说是一种暴力。何止是对他们啊！"你老公是做什么的""孩子几岁呀""不结婚的原因是什么""为什么不生小孩啊"等有关家庭的问题，对过了"适婚年龄"却未婚的成人、未婚妈妈、性少数族群、无子女家庭等多数人来说，也是一种暴力。

尽管如此，无论是哪一种形态，家庭都很重要。我们依然需要家庭，当感到疲惫不堪时，能够从家里得到亲密的安慰、激励及安全感。对于孩子们来说尤其如此。

我曾任职的单位和首尔大学社会福祉研究所共同进行过一项《韩国儿童生活质量研究》，在2014年度的调查中，以小学生为对象进行了焦点团体访谈（由实验者选择成员，讨论特定主题并观察互动的访谈技巧）。我还记得当时在听到小学生谈及自己和家人共处的时光后自己大为吃惊。在问及何时感到幸福时，孩子们如是回答：

"大概就是在吃晚餐的时候，我喜欢大家聚在一起聊天的感觉。"

"我喔，没什么特别的，就是家人在教我功课的时候，还有一边吃饭，一起聊着发生的事，以及希望对方能改进的地方。"

一方面，大部分的孩子都把和父母聊天、边玩边学习、维持良好关系视为幸福。可是另一方面，比起和家人共度时光，如今的社会更注重个人在家庭外做的事情。公司希望父母能加班到很晚，在学校和补习班的孩子则必须学习到很晚。错过了与家人相处的时光，孩子的幸福时光也随之消失得无影无踪。一个在大田读小学五年级的学生说道："小孩很容易感到孤单，所以希望社会不要把大人留在公司那么晚，让孩子和家人能有更长的时间相处。"

不拿"正常家庭"生硬而暴力的条条框框去评断人和束缚孩子；让不论何种形式的家庭都能成为所有成员亲密生活

的乐园，增加珍贵的相处时光，这真的难以实现吗？

米歇尔·福柯（Michel Foucault）曾说过："家庭本身是公与私的混血儿，公与私的界限可以相互流动并重组。"瑞典可以说是靠增加"公"的部分来保护"私"，而韩国呢？"公"的部分不足，"私"又承担了太多东西，从而导致所有人都变得不幸。

为了提高家庭"公私"比例中"公"的部分，而让公共力量介入其中，并不是想让家庭解体，而是希望由社会来减轻家庭的重担。此举不是为了消灭家庭，而是为了让所有人变得更幸福，所以需要缩减赋予家庭的意义与功能。只有这样，家庭内的民主关系，对个体自主性的尊重才可能实现。

在所有人拼死拼活地竞争，去追求家庭外某个目标的情况下，个人的自主性有可能得到尊重吗？不太可能。因此，家庭的重担必须转移给社会。无论是何种形式，家庭作为多样化个人的共同体，都不应该因其形式而受到任何歧视。

家庭内"公"的比例很低，而此时恰恰是要求提高比例的好时机。这主要基于三个原因：减轻家庭负担、给予孩子"最好的"，多样化个人的和谐共存。加强家庭内的公共性迫在眉睫。

将家庭的重担转移给社会

从不婚和低生育率的趋势来看，家庭不再是社会资源，而逐渐成为"个人的危险因素"。从住房问题到育儿的巨大负担，为子女教育而展开全家总动员的竞争，导致大家彻底逃避组建家庭。在此状况下，一直以来的逃避婚育现象，也许正是个人面临危险时做出的合理选择。

有一个现象被生育问题的研究人员称为"这个时代最大的悖论"，那就是越是女性经济活动水平低的国家，生育率就越低。乍听之下你可能会觉得，女性没有外出工作，而是集中精力生养和照顾家庭，生育率应该会攀升才对，但事实并非如此。以"稳定且负责任的大家庭"为理想的家庭责任主义越强势，这个社会中的家庭组建越容易出现停滞的倾向。[1]

简单对比意大利和瑞典的情形，我们就能得出一致的结论。像意大利那样的，家庭主义强势、公共照顾政策薄弱的南欧国家生育率很低；与之相反，未将照顾责任交给家庭内的女性，而是由社会担负起照顾责任，公共照顾政策发达的

---

[1] 尹升熙，《福利国家的照顾体系和阶层间生育水平的分类研究》，《韩国儿童福利学》48，2014 年。

北欧国家生育率就高。这种照顾去家庭化的程度越高，生儿育女并组建家庭的人也就越多。

如今的韩国，由家庭全盘扛起照顾责任的时代也可以说即将结束。无论男女，有相当多的成年人接受高等教育并从事工作，而期待家庭内永远有人承担照顾责任（过去几乎清一色的是女性）的想法，现在已不符合时代潮流了。

正如政治学者琼·特朗托（Joan C.Tronto）在《照顾的民主主义》（*Caring Democracy*）一书中所言，照顾是具有公共价值的公共产品，并不是交由特定性别、阶层就能解决的事，而是民主政府与所有市民应当负起责任的共同课题。

育儿应该不再是一个女性政策，而应是所有养育孩子之人，无论男女，无论婚否，无论家庭形态，都能获得支持的政策。

关于儿童照顾的公共化，以及工作与家庭并行的争议，在 2017 年韩国总统大选时也成为主要议题，但我一直对该议题被划为女性政策而耿耿于怀。不把照顾的责任推卸给家庭，而是回归到社会的政策，并不只是和女性有关。儿童照顾的公共化同一系列社会福利政策和劳动政策紧密相关，前者包括扩大公共托育的规模、发放育儿津贴等保障抚养儿童的社会责任的制度；后者包括孕期与育儿期的弹性工作制、男性育儿假的义务分担、消除雇佣形态间的差距、两性平等的企业文化；还涉及税收制度、为未婚妈妈提供住房补贴、禁止歧视等。该议题几乎与社会各层面都息息相关。

我尤其要强调，必须消除对家庭形态的歧视，以改善前文所提及的未婚妈妈歧视问题。加拿大《安大略人权法》就禁止依照"家庭状况"歧视他人，并且将"家庭状况"定义为"建立父母—子女关系"。"父母—子女关系"的形态不单指血缘或收养，还涵盖了照顾、责任、契约等类似关系的所有情况。这也就是认可组建多元文化家庭的权利。[①]然而，我们对"生活伴侣关系"相关法律的讨论仅是昙花一现，而且受基督教"反对同性恋合法化"的影响，因此目前我们连提出立法提案都有困难。

实施普遍性的育儿津贴

除了禁止对多元家庭的歧视，我们还必须实施普遍性的

---

① 李淑真，《多元家庭和社会政策》，《月刊福利动向》219，2017年，第5—10页。

育儿津贴制度，不管孩子属于何种家庭形态，他们都能获得同等程度的保护。

2017 年 12 月，韩国国会一致通过自翌年 9 月开始，政府针对收入在后 90% 家庭中 0 ~ 5 岁的孩子，每月发放 10 万韩元育儿津贴。起初文在寅总统承诺的是普遍性育儿津贴，但在国会成了政治交易的筹码，只能改为选择性发放。

我恳切地希望，选择性发放的决策引发公众讨论后，能在制度实施前恢复为原来的普遍性育儿津贴。实施选择性发放，不仅要占用行政经费去甄别那些无法领取津贴的前 10% 家庭，增加社会矛盾，还会严重破坏该制度的基本宗旨。

几乎所有福利国家实施的育儿津贴制度，都向社会传达出这样一个信号，即所有孩子在成长过程中，都不该因父母的性别、财产、婚姻状态、社会背景、宗教、出生地等任何理由而遭到歧视。因此，不调查父母的收入或财产，不论是否为单亲家庭，抑或父母是否皆处于就业状态，也无关父母的意愿，一视同仁地发放津贴才合乎育儿津贴的宗旨。因为育儿津贴是针对孩子的公民权而给予的公共保障，而保障所有儿童的生存权和健康发展乃是政策的核心。

原本是发放育儿津贴给所有孩子，再向高收入者多征收税金就可以解决的事，却沦为政治上讨价还价的筹码，最终被改为选择性发放，这等于违背了育儿津贴"将养育责任从家庭转移到社会"的基本宗旨。

本来，社会上对育儿津贴的认知度就不够，而且韩国国会又在讨论过程中大肆破坏其宗旨，我不禁想，我们真的准备好要实施这项制度了吗？

育儿津贴作为一项支持保育和提高生育率的举措，是2017年总统大选时所有候选人都承诺实施的制度。当时《韩民族日报》举办过一场"政见大家说"的讨论会，召集几位普通市民评价3月总统大选候选人提出的保育政见。当时有人就批判说，"儿童津贴就像国家该做的事不做，反倒给人'我给你钱，滚远一点'的感觉"[1]，该言论也被作为新闻标题刊发见报。关于育儿津贴，另一位参加者表示：

"国家如果能够提供照顾（教育），就不需要另外给津贴。在无法照顾孩子的情况下，父母领到越多津贴，就只会拿去投资在补习上。我要是领到津贴，首先会想到要不要再（多）让孩子学点什么。"

---

① 李贞爱，《儿童津贴就像国家该做的事不做，反倒给人"我给你钱，滚远一点"的感觉》，《韩民族日报》，2017年3月27日。

还有一位参加者则表示:"应该用那笔钱来提供公共产品。"这两位准确地揭示出,育儿津贴和强化保育的公共性不是一个概念。公立幼托机构的在园人数仅占总幼儿数的12%,而在民办幼托机构、私立幼儿园数量占绝对优势的情况下,每月10万韩元的育儿津贴很可能被用来在市场上购买其他补习服务。

根据尹升熙针对照顾体系与生育水平之间关联的研究,照顾的去家庭化也有类型上的差异。生育率高的国家,家庭外的照顾大抵是靠公共支持的方式实现;与此相反的是,韩国则通过个人在市场上购买服务的方式来实现,比如进入私立幼儿园。在这种情况下,生育率的阶层差异最为显著,其中,中产阶层的生育率特别低。①

若用育儿津贴来代替保育的公共性这一概念,在当今公共保育水平低下的状态下予以发放,其当初的宗旨也会变得黯然失色。文在寅政府在《国政运营五年计划》中承诺,任期内会使公立幼托机构入园人数占比达到四成。考虑到现今的低占比,这的确值得期待,但在同样的条件下,育儿津贴

① 尹升熙,《福利国家的照顾体系和阶层间生育水平的分类研究》,《韩国儿童福利学》48,2014年。

将难以发挥应有的价值。所以我认为，政府应该集中力量提高公共保育的比例至四成以上之后，再循序渐进地针对更广泛的年龄层发放育儿津贴。

公权力的介入是为了给孩子"最好的"

在西欧现代公民社会的形成发展期，人们就开始认同幼年期是人生的一个独立阶段。然而，在现代化进程本身就已被扭曲的韩国社会，孩子不过是"未来的希望"而已，我们对孩子"现在的幸福"漠不关心，也不会把幼年期看成独立的人生阶段和时期。

最近，我在推特（Twitter）上看到一位网友的神奇观点："韩国社会看待孩子，就像期待'资深的新人'一样。在我们这个社会，孩子被认为必须尽快灌输所需的各种知识，这样才能更快融入成人的世界并参与竞争。大家称赞孩子的时候会说"斯文乖巧的孩子"，但韩文中"斯文乖巧（점잖다）"的词源为"不年轻（젊지 않다）"。称赞其举动不像个年轻人、不稚嫩的背后，透露出社会对年轻稚嫩行为的厌恶。会因年轻而受到称赞的，大概就只有"童颜"这个词了。

因为不尊重年幼者的意见，不认可其为独立个体，社会上还发生过一件荒唐事。2017 年 1 月，一名在网吧遭到集体施暴的小学生，因为过于害怕而不敢下楼，和朋友一起打 112 报警，警察的回答却是"找你妈妈告状吧"，警察根本就不出警。这名小学生因此大受打击，还接受了心理治疗。①

韩国社会就是这样一个属于成人的社会，孩子只是在成人规定的框架内的一件饰品或物品。如果孩子没有告诉妈妈，就亲自打电话报警，说自己是暴力的受害者，那么他不会被当回事儿。儿童脱离了成人心目中"符合孩子的举动"，就会受到处罚或权益受损。

1989 年，《联合国儿童权利公约》制定时，很多人反对说："什么对孩子来说才是好的，这种事该由大人决定，谈什么权利啊！"也有人批判说，孩子有什么权利的话就不要说了吧，大人只要帮忙守护他们就行了，把孩子说成权利的主体，这未免太夸张了。在他们眼里，孩子不能独立生活，需要大人的照料，所以谈论他们的权利并不恰当。还有人担心，如果把权利话题，尤其是不成熟的孩子的权利带入家庭关系，

---

① 郑基永，《小学生报警后，却被告知"找你妈妈告状吧"》，SBS，2017 年 1 月 12 日。

那么成员间的关系会变得疏远，还有可能影响家庭共同体的存立。

事实上，我们但凡提及在家庭、职场、共同体等构建理想关系的方式时，总绕不开所属团体与个人自主性冲突的问题。所有重要的关系都不简单，对于孩子来说，看似允许"他律"的受他人保护的权利，和身为独立个体的自主权利，究竟如何才能共存呢？

《联合国儿童权利公约》从普遍人权的观点提出了解决之道。首先，重要的价值是保护家庭。在原生家庭中平安顺利地长大是孩子最重要的权利。公约明文规定父母的责任、权利与义务，要在保障孩子自主权的同时，为他们提供保护。

当对孩子权利的认可与接受父母的保护和谐共存时，这不会有任何问题。问题在于当孩子的权利与父母的权利互相冲突，父母严重侵害孩子的安全时，谁来负责界定。公约规定该责任属于国家和公权力。而公权力介入的原则是"儿童利益最大化"（the best interest of the children）。

《联合国儿童权利公约》与其他人权公约的不同之处，就在于"儿童利益最大化"原则在整个公约中是"超级条款"（super right），具有提纲挈领的地位和作用，支配其他所有条款。该原则要求，公共或民间机构在做出与孩子相关的决定时，必须时时考虑"利益最大化"，也就是此时对孩子来说什么才是最好的；同时它也要求各国通过立法和行政措施，让父母、监护人等对孩子具有法律责任的人能履行义务，给孩子提供必要的保护与照顾。

一言以蔽之，在孩子和父母、国家的关系中，国家并非家庭的局外人。我认为在制定公约时，该原则大大地改变了人们看待家庭的视角。虽然公约没有规定"利益最大化"的具体内容，必须视情况而定，但基本上当孩子的人权在家庭内受到严重侵害时，国家就是应该介入该关系（非常私人的父母与子女关系）的当事人。

有人会质疑：这是不是在否认家庭的私生活，要求国家过度介入呢？但是一直以来，父母与子女这种私人的权利关系都会反映在法律上。举例来说，过去，除极为罕见的状况外，法院都会将亲权的行使全权交给身为丈夫与父亲的家长，因为当时主流的家庭观念即是如此。正如前文所述，身为亲权人的父亲只要同意，就可以不询问母亲的意见，将孩子送养到国外。这种惨无人道的行为在40多年前竟都还是"合法"的。

之后，父母的权利渐趋平等，父亲可以绝对行使的亲权也同样平等地被赋予母亲。而现在《家事诉讼法》修正案更加强调的是，在父母离婚或养育权归属的审理过程中，考虑到"儿童利益最大化"，必须让孩子表达自己的意愿。如果说，过去公共制度的出发点都是未来的可能性，站在成人的视角，只要大人觉得好，对于孩子来说它也是好的，那么最近这种视角开始逐渐改变，即公共制度更重视孩子当下的体验与感受。

对于孩子来说，家庭比什么都重要，而亲子关系也是人生中的首要关系。可是当家庭中父母的亲权侵害孩子的人权时，为了保护孩子，国家的介入要比父母的权利更优先、更正当。这既是"儿童利益最大化"原则，也是公共机构应当扮演的角色——与弱者站在同一战线。

站在儿童人权的角度，必要的公共角色又是指什么？首先，应以法律禁止包括家庭在内的各种体罚，同时民法的惩戒权应废止，或加入不得进行体罚的条款。

在预防虐待与保护儿童方面，必须充分发挥公共的作用。同朋友聊天的过程中，我发现很多人以为儿童保护机构就是公共机构。如今韩国的儿童保护机构除首尔和釜山各有一处外，其他全部都是委托非营利民间团体在运营。保护孩子免受虐待，是限制父母亲权并应及时介入，处理违法犯罪行为的工作，因此需要高度的公共性。然而，目前虐童举报的受理和调查，这些具有公共服务性质的工作，在韩国却是由民间团体全权负责的，所以其中有许多问题。如果没有警察同行，机构专员就不具有现场调查所需的公权力，若虐待行为人表示拒绝，则民间团体就没有权力强制对方配合。面对虐待孩子的施暴者，专员就连保护自己的安全装备都没有。而由民间团体负责虐童举报的受理和调查，韩国似乎是这个世界上唯一这样做的国家。

此外，儿童保护机构不仅负责调查虐童行为人并予以处罚，还提供家庭维系与保全的支持服务，让家庭重归于好。结果，专员一方面要处罚虐待行为人，另一方面又要维系家庭，两者目的背道而驰，经常令人碰到"价值上的冲突"，也由此出现无法切实处理严重虐待案例的情况。举例来说，受理举报后确认为儿童虐待事件，为了维系家庭的完整性，专员会尽可能地优先提供相关服务，而不是起诉和通报。这样的处理方式会让二次虐待的可能性很高，但专员基本的工作方向依然是提供事件介入的服务，而不是通过起诉、通报等要求公权力介入，连他们自己也没意识到这种做法的问题。而另一方面，《儿童虐待犯罪处罚等相关特别法》实施后，受理虐童举报与调查的负担加重，导致为保全家庭所提供的服务也面临缩水的局面。

为了解决这些问题，韩国需要建立二元化体系。公共机构负责受理涉及亲权的举报与调查，而儿童保护机构则注重提升保全家庭、治疗、再结合等专业服务的质量。

此外，当孩子面临无法接受父母照料的情况时，应由公权力来决定在寄养家庭、福利机构、收养等各种替代养育方式中哪一种对孩子才是最好的。若判定送养这个最后手段对孩子来说是最佳选择，那么从收养程序开始，就应该由公共部门来负责。

儿童的游戏权方面，公权力也要发挥更大的作用。不只是成人需要"有晚餐的生活"，孩子们也同样需要。必须加大公共基础设施建设，确保孩子游戏的权利，并增加游戏的时间。2014年，我所任职的单位举办"守护游乐场"宣传活动，言及玩耍的必要性时，我最常听到的反驳就是"这件事谁不知道，只是现实生活中的课业压力太重，做不到啊"。

玩耍一定会妨碍学习吗？为了解真相，我们把京畿道始兴小学操场旁的闲置空间改造成游戏空间，并以该校学生为对象进行追踪调查。我们将四年级和六年级的学生分成实验组与控制组，实验组每周可以在我们建造的游戏空间自由玩耍一小时，控制组则是正常上课，然后委托明宇临床心理研究所通过问卷调查、集中面谈、图片测验和脑电波检测，追踪实验前后的变化。

结果发现，一方面，实验组的孩子学习态度变好，注意力不集中或不安等心理问题都有所改善，对学校生活的满意度也有所提高，协同和自我控制力提升，攻击性减少；另一方面，正常上课的控制组没有出现任何有意义的变化。脑电波检测结果也显示，在负责深度思考的大脑功能方面，实验组的表现变好了。[①]

除了让孩子有玩耍的空间，学校也必须有所改变。减少孩子的学业负担，不应该仅停留在单纯减少学习时间，或限制补习教育的层次，而是要让孩子可以探寻各种出路。改善社会环境，让孩子可以根据自身的取向和能力，选择适合自己的道路，而不是通过成绩来排名次。尽管这需要个别家庭

---

① 裴文圭，《小学生每周玩耍1小时，学习态度改善》，《京乡新闻》，2016年11月1日。

付出努力去尊重孩子，消除关系中的暴力因素，但最终仍离不开整个社会的变化。

同理心的制度化——实现"共同生活"

瑞贝卡·索尼特（Rebecca Solnit）在关于同理心的优美散文集《遥远的近处》(The Faraway Nearby) 中写道，人的自我通过对他人的同理心而扩大，但接下来自我也会开始分担危险与痛苦。所谓的同理心是指"稍微走出自身的领地去旅行，使自己的范围扩大"。这才是真正地去了解他人的现实存在，有了同理心，才会产生感情移入，从而实现想象的飞跃。

换句话说，同理心是相当困难且需要付出努力的。社会各领域经常讨论，实际上却很难找到的罕见物品，我认为就是同理心，也就是"换位思考"。

严格来说，换位思考、感情移入、同理心等的含义略有不同，但这些概念都有一个共通点，即"把处境不同之人的想法与感觉，当成自身经历去感受的能力"。大部分人天生在某种程度上就具备这种能力，只要大致询问周边的人，就可以知道大家都认为自己具备换位思考的能力，富有同理心。

美国前总统奥巴马也曾在演讲时强调同理心的重要性，而杰里米·里夫金（Jeremy Rifkin）在《同理心的时代》（*The Empathic Civilization*）中强调，身处危机的时代，人类得以生存的唯一方法为增强"全球的同理心"。在提及消除歧视与排斥等问题时，增强同理心也经常被认为是解决之道。

但我们很难看到人们在践行同理心，因为这件事确实知易行难。

首先，同理心很狭隘，我们很难跨越以血缘、人种、国籍、相似性、价值观等划分的群体界限及"自己人"的护城墙。

一个让人感到不适又无法回避的现实是，人们几乎在所有情况下都会去区分"他们"和"我们"，并且迅速找出能区分"他们"的标签。这种把自己所属的"内团体（ingroup）"和不是自己所属的"外团体（outgroup）"，也就是把"我们"和"他们"相区分的属性，被称为部落本能（tribal instinct）。这种本能的情绪始于人类唯有群居才能生存的进化过程。综观历史及人类学的调查，没有任何一种人不会去区分"我们"和"他们"。人类有一种共同的属性，就是通过家庭、民族、宗教等立即判别自己所属的内团体，以及自己不所属的外团体，且偏好内团体。人们有贬低外团体的倾向，认为他们比内团体缺乏道德，无法信任。而同理心无法轻易地跨越这种团体的界线。我们并非对所有人都富有同理心，而是对有血缘、友情、相似性、共同点的人更能感同身受。

另外，拥有权力的人大致上不具有同理心，因为他们没有必要费心去站在他人的立场思考问题。反社会人格者或自恋者等共情障碍的人，如果他们愿意，也能具备同理心。当他们感觉到对方是自己内团体的人时，反社会人格者也会展现出共情能力。共同的经历并不一定就会带来同理心，反倒有研究结果表明，过去经历相同事件的人，对于现在经历该情况的人最不具同理心。

鉴于同理心的局限性，心理学家保罗·布鲁姆（Paul Bloom）认为，要想创造更美好的世界，与其培养站在他人立场的同理心，不如退后一步去培养理性的力量，通过客观公正的道德来做判断①。布鲁姆甚至还表示，若想制定预防未来危险的政策，必须抛开同理心去思考。如果要应对气候变化、老龄化社会等问题，就必须为了这种未来的抽象性利益，向现在的人征收费用，因为相比笼统的大众苦痛及未来的特

---

① 保罗·布鲁姆，《想象他人的生活》（*Imagining the Lives of Others*），哲人石（《纽约时报》哲学专栏博客），2015 年 6 月 6 日。

大悲剧，人们对特定的个人和眼前的痛苦更具同理心。

　　同理心提升固然是一件美好的事，但它并不会凭空出现，而是需要苦练才能做到。也许和大家平常想象的不同，提升同理心不是靠发挥感性，而是靠发挥理性才能达成的。就像即便将他人的痛苦当成自身的经历去感受，但如果误解了痛苦的原因，其行为也会显得莫名其妙一样，错误的认知扭曲同理心的情况屡见不鲜。谈及自身与他人共存的技巧、冲突的解决、如何减少世间的苦痛时，就把扩大换位思考和提升同理心视为核心方案，这未免太过理想化了。

　　发展心理学家史蒂芬·平克 (Steven Pinker) 甚至在《人性中的善良天使：暴力为什么会减少》(*The Better Angels of Our Nature：Why Violence Has Declined*) 一书中严厉批判："妄想同理心的斜度能够变得与地面平行，人们对待陌生人就如同自己的朋友，不过是 20 世纪最糟的乌托邦理想。"

　　平克指出，同理心可以促进利他性，如果采取其他阶层人士的观点，就能将同理心扩大至该阶层，但即便如此，追求"同理心的文明"是很危险的，因为很多情况下，同理心和公正性是相冲突的，比如掌权之人的裙带关系，比起"去爱你的近邻与仇敌"，平克更推荐以下更美好的理想：

"别去杀害你的近邻和仇敌，就算你不爱他们。"

联系到前面提到的去除排他性家庭主义的弊端，我同意平克的主张。我们的终极目标是政策与规范，它务必成为人类的第二天性，这样也不用费力去强调同理心。毕竟，比起扩大同理心，扩大权利范围更为重要。

首要之务就是划清界限，明确对他人的"不可为"。这固然需要去努力提升人们的同理心，要能站在他人的立场去体会，但不能把问题仅停留在个人道德课题和感性领域。公共教育制度中必须包含延展"我们"范围的教育内容，《歧视禁止法》与《移居儿童权利保障基本法》也必须制定。这些对同理心的制度化，可以让我们所有人共同生活下去。比起换位思考和共情能力，私人关系中的礼仪，以及公共关系中的政策与制度，才是让所有人得以共存的更为人性化的东西。

结语　勾勒自主的个人与开放的共同体

▼
▲

2016 年春，在虐童致死事件相继发生之际，各路媒体感慨之余，也纷纷提出自己的解决方案。在阅读、书写、分享无数意见的过程中，最令我感到不快的分析与改进方案就是，"过去大家庭与共同体还在的时候，从来没有发生过这种问题，而随着核心家庭成为主流及共同体解体，虐童现象也越来越多……"

这种分析从批判的角度反思个人主义社会，也引发所有人进行反思——本应该对别人的孩子也视如己出，并进行照顾，却没有做到。

事实果真如此吗？过去，共同体存在虐童现象真的就很少见吗？还是因为虐童现象被隐藏、掩埋得太彻底，所以我们根本不知情？举例来说，过去因重男轻女而大量杀害女婴的行为，不就是极端的虐童行为吗？掩盖此种惯例，将大家庭与共同体存在的过去理想化，这样做是否妥当？

　　为了预防虐待和保护儿童，我主张需要更多的公权力介入，但理由并不是我觉得要恢复过去那种共同体的模式。预防虐童的公共制度应该建立在认同孩子个性的基础上，而不是社区共同的责任上。

　　我们需要的是反对暴力的个体人权意识，而不是把他人的孩子视如己出进行照顾，或全社会的大家庭化。看到不认识的人殴打孩子时，我们必须去抗议举报，原因不在于我们要具备大家庭成员的意识，去一同守护邻居家的孩子，而在于不能接受对弱者施暴的行为。

　　当谈及对配偶的家暴时，我们不会说要恢复共同体作为破解之法。针对儿童的暴力也是一样。从生物学角度来看，他们虽然年幼，但仍是健全的人，所以首先要消除对"弱小年幼的人类"施暴和践踏人权的行为。体罚、虐童、杀子自杀，都是因为不认同孩子的个性而发生的悲剧，解决方法不该是建立更多的共同体来抹杀个人自主性。

共同体的尴尬处境

然而，偶尔在私下聊天或网络上看到年轻一代对共同体的态度时，我发现，他们和老一辈人大相径庭。我不禁想，如今在我们的社会，"共同体"已成为一个处境尴尬的词语。老一辈人强调"社区共同体""恢复共同体"来解决多数的社会问题，而年青一代却将共同体视为一种妨碍个人的刻板概念而拒绝接受。

2016 年夏，社交网站上曾因这种差别引发小小的纷争。时任忠清南道知事安熙正在地区治安协议会的会议上表示，"应该恢复社区共同体来预防犯罪，保护弱者"，[①]结果在推特上引起轩然大波。不过推特上的热点话题总是来得快去得也快，这个争论很快就销声匿迹了，但我之所以特别关注此话题，是因为年青一代对共同体的反感比我们想象中更强烈。在此引用几则评论：

"歌颂社区共同体的学者，其实根本看不到在其中走向死亡的弱者。"

---

① 韩钟求，《安熙正：恢复社区共同体预防犯罪》，韩联社，2016 年 6 月 15 日。

"为何只谈论以腻歪关系为基础的共同体？"

"我可不想要那种为了了解每家有多少碗筷而随时敲开别人家大门的共同体，我想要那种每个人都能保护、尊重私域的文明社会，系统稳固不受任何人摆布。"

"我想生活在冷漠无情的个人主义法治国家，而不是社区共同体中。"

通过恢复共同体来预防犯罪，这种思维方式的确早已过时。要阻止暴力，靠的是强化公共性，而不是靠恢复之前的共同体关系。

然而，年青一代之所以表现出强烈的排斥感，想必不只是因为反感老一辈人把共同体和公共性混为一谈的思维方式，也有可能是因为他们的共同体经历大部分都是负面的：大小事情父辈都要干预、控制，也不尊重家庭成员，没有值得认同的原则，任掌权者随心所欲地封闭共同体——从家庭到学校，再到社会，这些地方的负面经历，导致他们对共同体产生反感。

对于成长过程主要经历了共同体压抑面的人而言，"个人和共同体不是对立的概念"这种说法只不过是纸上谈兵。在现实生活中，之所以有人会认为个人和共同体是对立的，且必须二选一，我认为最大的原因在于共同体运作的原理，也就是公共性不足。

正如前文所言，在韩国社会的压缩式现代化进程中，家庭为了生存，家庭主义日益巩固，而且进一步扩大为社会的裙带主义，我们没有经历过那种维系共同体内部关系，以及解决冲突的"公共性"时期。我们所经历的公共性，不是一视同仁地照顾家人，或站在弱者一边的正义力量，而是贯彻强者意志的本事罢了。

在家里有父权的权威或父母的逼迫；在学校有填鸭式的集体教育暴力；在军队和公司有颐指气使的等级支配；在社会有站在支配者一边，只用作压制弱者心声的公权力。在这种环境下成长的人，很难认为这样的共同体和自己是处于同一阵线的。

我认为，在推特上反对恢复共同体的人，之所以把"共同体"这个词视为与"法治""系统""尊重个人和私生活"对立的概念，大概是基于这些吧。

强化公权力与开放的共同体

不可否认，无论共同体是好是坏，我们都无法脱离共同体生存下去。自由的个人不可能在开放的共同体生活吗？"自主个人的开放共同体"难道就像"只有三个角的四边形"那样，是一个无法实现的理想吗？

我在本书分析了孩子的个性如何在家庭这个共同体的最小单位内受到压迫，而在家庭外，孩子的多样性又如何遭到破坏，以及最脆弱的孩子因为"正常家庭"这个封闭架构又受到了何种伤害。此外，我又通过走上与我们不同道路的瑞典案例，探究了个人的自主性与高度社会信赖共存的现象。瑞典之所以能够使两者共存，其关键如前文所述，在于强化公共性。

我认为，通过强化公共性，我们也能走上一条个人与共同体和谐共存的道路。人类学家金铉京在《人，场所，款待》一书中，以"绝对款待"优雅地称呼公共性。

作者所说的"绝对款待"，就是公共性的实现，是"向那些被禁闭在他人的领土，自己的存在被否认的人伸出援手，了解并认可他们，赋予他们'绝对'的位置，也就是不带任何歧视或任何条件，社会为他们提供无法被剥夺的位置（场所）"。作者还引用了涂尔干（Emile Durkheim）的"越是强化公共性，私生活反而越自由"来加以说明。

正如前文所述，这种款待、公共性的实现也可能在我们的社会中实现。可以试想一下：即便需要帮助的人没能找到私人的支持，社会也会提供公共服务，负责先前家庭承担的照顾责任及保护弱者。孩子也和成人一样，人格会得到尊重，其权利由制度保障。家庭内认可孩子的自主性，维系平等的情感联结。双方会倾听彼此的意见，更不会为了贯彻单方面的意图而施暴。个人在自行选择的各种共同体和相辅相成的网络中和谐共处，不强迫彼此，也不试图控制对方。让自主的个人生活在开放的共同体内，建立起没有过多束缚的松散联结；给彼此空间，向需要帮忙的邻居伸出援手，这些难道都是无法实现的梦想吗？

变化是必然的，而且已经发生。自 2016 年冬天起，从温暖韩国的烛光集会上，我看见了希望。我们热切地感受到，就算不属于任何一个共同体，个人也能在广场上和陌生人建立起联结。没有任何旗帜指引的人，也能无所畏惧地举起自己的旗帜参与集会。包括"独角仙研究会"在内，无数旗帜组成了盛大的庆典！如今，我们就算不属于任何团体，也能够昂首挺胸地表达"我自己"。

在烛光集会上另一个令我心潮澎湃的场面，就是青少年大规模参与其中。面对"为我们的孩子参加集会"的成人，这些青少年回应道，"在大人们为'孩子们'手捧烛火参与集会的广场上，'孩子'无法作为受尊重的市民立于此地。我们不要再区分成熟的'大人'和不成熟的'孩子'了，而是'为了我们所有人'共同手捧烛火参会吧"。[①]此情此景，我深刻地感受到，我们正在广场上学习其他地方都难以学到的民主主义。

但愿在烛光集会上令人感动的经历及对民主主义的学习，能够在各自的生活中不断延续下去。我希望，在烛光中诞生的政府能通过强化公共性，减轻家庭的负担，健全法律制度，让任何人都不会成为被冷落的局外人；创造一个个人可以追求不同目标的社会，而非每个人朝着同一方向奔跑。同时我也希望在家庭的内外，能由水平联结的关系来取代"正常家庭"那令人窒息的架构，充分尊重孩子的自主性，让下一代

---

① 米露，《不是为孩子，而是为所有人捧起烛火》，《光州之梦》，2017 年 3 月 22 日。

成长为不排斥异己的个人。

在写下结语的同时，我还想强调一点，本书中虽然以孩子的人权、下一代的生活质量为中心去分析家庭问题，但这些问题和那些没有子女的人也有关系。所谓的下一代，并不是只对有子女的父母才重要。

想想看，假如我们没有下一代会怎样。试想下，此时自己生活在阿方索·卡隆（Alfonso Cuaron）导演的电影《人类之子》（*Children of Men*）中的世界。那是一个整整18年都没有孩子出生，没有任何新成员加入的阴郁世界。在电影中，人类会因丧失生育能力而消失的现实，要比自己迟早有一天会死更令人绝望。到处都是违法犯罪，而政府发放自杀药物给人民，各种恐怖事件与暴力层出不穷。没有任何人想去修复、守护这个逐渐崩塌的世界。

这倒也能理解。即便现在的我能够寿终正寝，但如果没有下一代，世界就此走向终点，那在我的人生中追求更好的价值、更多的美和意义又有何用？倘若明天地球真的会灭亡，究竟为什么还要种苹果树呢？这与是否努力过活是两回事。

正如哲学家塞缪尔·舍弗勒（Samuel Scheffler）在《死亡与来世》（*Death and the Afterlife*）一书中所说，正因为大家都默默相信在自己离世后，人类的世界也会继续延续下去，所以我们才会尝试寻找更好的治疗方法，研究更卓越的技术，创造更新颖的事物。

即便不是我的血脉也无所谓，只希望人类世代延续，永续存在；就算个人生命有限也无悔，只求个人的生命联结在比自己更大的、持续发展的全体上。但若没有了以上的期待和信念，那么所有的追求与人生意义都将失去光彩。

从这个角度来说，此时的我们，都依赖未来那些陌生的人；而存在的意义则系在下一代，系在孩子们身上。

延伸阅读书单

以下为撰写此书时的参考书目，也推荐给对本书主题感兴趣的读者。这份书单不是很成系统，也很主观，但却是我构思完善本书的思想源泉。

关于成人、人权与童年

《人，场所，款待》，金铉京著，文学和理性出版社。

《사람，장소，환대》（김현경 지음 / 문학과지성사）

出生不等同于成为一个人。该书站在人类学者的角度，分析人如何在社会中获得成员权而成人，文笔优美细腻。成为一个人，意味着在社会中拥有位置（场所），而款待则是将位置赋予他人并给予认同。在阅读此书的过程中，我学习到在公共空间的不认可如何与在私人空间的压迫相联结，也得以厘清个人与共同体的关系，以及如何实现公共性。内容虽晦涩难懂，但读完后会有醍醐灌顶之感。

《人性中的善良天使：暴力为什么会减少》，史蒂芬·平克著。

The Better Angels of Our Nature：Why Violence Has Declined, Steven Pinke

本书回顾了人类这个物种与暴力的浩瀚历史，阐述了当今世界比过去任何时候都要平和的观点，这有别于世界日渐刻薄冷漠的普遍观念。在读过人类借助同理心、自我控制、道德感和理性力量来减少暴力的悠久历史后，我也有理由相信未来的世界会比现在更好。而此时我们所谈论的儿童人权，同样立足于过去历史中人类已实现的和平、文明及人道主义革命的深厚基础之上，必定也会很快实现。（简体中文版为中信出版社出版）

《高呼人权》，柳恩淑著，绿林出版社。

《인권을 외치다》 (류은숙 지음 / 푸른숲)

批准《联合国儿童权利公约》的国家政府，在向联合国儿童权利委员会提交国家报告书时，NGO 也会提交公民社会视角的方案报告书。而韩国首份 NGO 报告书的撰写者，并不是那些为数众多的儿童福利团体，而是人权运动家柳恩淑女士。该书详细解析了《世界人权宣言》《联合国儿童权利公约》等主要人权文献，并以宏观的视角记录了弱者的渴望与泪水，以及长久的斗争如何发展为人权规范的过程。

《童年导论：儿童生活的人类学视角》，希瑟·蒙哥马利著。

An Introduction to Childhood: Anthropological Perspectives on Children's Lives，Heather Montgomery

人们通常认为孩子或童年就是纯洁的象征，但本书通过丰富的案例否认了这一普遍观念，并阐述了各地对童年的定义不尽相同，由当地社会的价值观与文化传承所决定。其定义由各个社会价值观与文化传承决定。虽说过度强调各社会的特殊性，可能会有否定普遍人权的危险，但这本书也打破了人们把这个人生特定时期过于神圣化的观念，帮助我们用均衡的视角去看待之。有别于普遍的观念，孩子的生活是最能显现出社会变化的领域，这也是与孩子相关的问题必须公开讨论的原因。

《儿童文化运动史》，李珠英著，大麦出版社。

《아동 문화 운동사》,（이주영 지음 / 보리）

本书介绍了从 20 世纪 20 年代至今的韩国儿童文化运动。想必大家都知道方定焕[①]先生设立了儿童节，但很少有人知道其设立宗旨。方定焕认为朝鲜民众中最不幸的就是儿童，于是掀起了受压迫儿童的解放运动。起初儿童节是五月一日，和劳动节日期一样，这是因为儿童被认为和劳工一样，都是受压迫的群体。少年儿童运动在日帝强占期曾一度蓬勃发展，而朝鲜战争后却偃旗息鼓，我不禁想，倘若这股潮流没有戛然而止，身为当事人的儿童能够奋起抗争的话，韩国的孩子所面临的环境是否会大不相同呢？

[①] 方定焕（1899—1931），日帝强占期的独立运动家、儿童文化运动家、儿童教育家。——译者注

关于现代化、家庭问题

《归一现代》，金德荣著，道路出版社。

《환원근대》(김덕영 지음 / 길)

书名很抽象，但身为社会学家的作者详尽回答了非常现实的问题。韩国社会的经济成就非常亮眼，但为何血缘、地缘、学缘等裙带主义一如既往？为何国家和社会将必须担负的责任转嫁给家庭？韩国何以成为世界上工时最长的国家，并接受不人道的入学考试地狱折磨？作者通过"归一现代"的视角给出了回答。所谓的"归一现代"，是指韩国的现代化没有带来社会分化与个人化，仅"归一"为经济增长，"归一"为仅与国家和财阀相关。该书强调，为了体现现代的合理性，必须从"社会的个人"转换为"个人的社会"。

《家庭·生涯·政治经济》，张庆燮著，创批出版社。

《가족 · 생애 · 정치경제》(장경섭 지음 / 창비)

该书从社会学家的角度，系统地分析了韩国社会家庭主义的现代性。不仅涵盖了我们在儿童人权方面的观点，还剖析了现代化与家庭主义各种问题。压缩式的现代化过程导致家庭承载过多的功能，韩国家庭深受"家庭疲劳"的折磨，反倒成了"没有子女最好命"的社会。对此，之前的《归一现代》提出用个人主义来替代家庭主义，而本书则指出家庭问题本身应该寻求社会解决方法，还提出必须摒弃培养反社会人格的支配性家庭观念，调整两性关系，实现家庭民主化。全书脉络清晰，语言含蓄，内容犀利畅快。

《韩国家庭——一个哲学的视角》，权勇赫著，而学社。

《한국 가족，철학으로 바라보다》(권용혁 지음／이학사)

本书梳理了古今东西方关于家庭的一切，尝试回答西方选择走家庭民主化的解决道路，是否在集体主义强势的韩国家庭也能适用。本书指出，尽管从结构层面来看，韩国发生的变化与西欧相似，但从价值观层面来看，韩国重男轻女、轻视个人的家庭主义依然根深蒂固，因此首要课题就是削弱家长的权威。然而，在该书出版 5 年后的 2017 年，作者曾经称为"西欧家庭议题"的尊重儿童权利、制定法律保护制度、非血缘家庭与同行家庭等问题，也逐渐成为韩国家庭的议题。真是一个充满活力的社会。

《大韩民国心理报告书》，河智贤著，文学社区出版社。

《대한민국 마음 보고서》（하지현 지음 / 문학동네）

该书作者是一位每天接受焦虑不安的人咨询的精神科医师，她在书中揭示了社会变化对个人心理造成的巨大影响及人们应对的模式，并探索了解决之道。尽管如今个人接受心理治疗已是稀松平常之事，但作者认为这种个人问题不单属于个人，而是社会问题，并且要防止将所有精神问题归为心理状态的问题。个人成长也可通过联结与共情、建立松散关系来实现，同时唯有在社会层面上认同各种人生形态，个人才得以在其中自由呼吸和生活。特别是论及父母与青少年的关系、年轻人的不安与应对方式，以及解决之道的部分都很精彩。

《确定的未来》，曹英泰著，bookstone。

《정해진 미래》（조영태 지음 / 북스톤）

人口变化是最能准确预测未来的标准，该书以此来预测十年后的韩国社会。人口学者描绘的未来，推翻了很多现行的标准。韩国人的认知中一直以来被奉为"标准"的四人家庭会消失，子女数也会减少，教育、求职、房地产等社会各个层面也会随之发生巨变。此时是非对错的标准也不再适用。就算是对外籍劳工、女性、儿童人权不特别感兴趣的人，在阅读此书后也能切身感受到，现有的对外籍劳工的歧视、性别歧视、将福利责任推卸给家庭、不花心思关注孩子的成长等问题如果得不到解决，未来将会遭受更大的灾难。

《照顾的民主主义》，琼·特朗托著。

Caring Democracy, Joan C.Tronto

"照顾"与"民主主义"这两个词的组合听起来很不协调，但我认为这是韩国社会最迫切需要的组合。只要是人，都与照顾脱离不了干系，但照顾某人的工作却带着人种、阶层、性别上的偏见。本书能引发大家思考如何回收多数人都不承担照顾责任的"自由通行证"，并以政治解决"共同照顾"的问题。也可进一步探讨，人本身就是如此脆弱的生物，而仅把独立的个人设定为民主主义基础的既有制度是否恰当。在阅读的过程中，还可以思考一下改善共同生活的新方法。

关于歧视、共情与同理心

《分裂的班级，当时和现在》，威廉·彼特斯著。

A Class Divided, Then and Now, William Peters

该书记录了美国小学教师珍·艾略特（Jane Elit）所做的歧视实验。在种族歧视严重的 1968 年，艾略特为了让孩子们了解受歧视者的内心，做了一个大胆的实验，她刻意创造了歧视环境，让"站在与我不同的人的立场去感受"不再是一句口号，而是成了现实。该实验很难重现，实验本身也引起许多争议，但这个尝试展现出人们如何区分"我们"和"他们"，以及如何歧视"他们"，同时打开了一条可以改变歧视心态的道路。

《我们与他们，身份认同的科学》，大卫·贝雷比著。

Us and Them：The Science of Identity, David Berreby

本书立足大量学术研究和各种报道材料，以通俗易懂的方式解释人类近乎本能地想要区分"我们"和"他们"并结群。在历史上，只要是人，都必然会去区分"我们"和"他们"。人们通过肤色、语言、民族等理由轻易对他人产生先入之见，与其说这是一种恶意的推论，不妨说是一种不需思考，在意识之外就能快速运作的心理机制。本书从发展心理学的角度，说明人类本性中的排斥和歧视，而深信人性本善的读者可能会对此感到不快，但唯有知道心理运作的原理，才能想出克服的方法。关于结群和分派等部族本能（tribal instinct）的论著中，本书是最容易上手的。

《遥远的近处》，瑞贝卡·索尼特著。

The Faraway Nearby, Rebecca Solnit

同理心经常被译作共情或感情移入，众多论著对其褒贬不一且极端，这本优美的散文集让我在其中找到了平衡点。有一天，总是与他人交缠在一起的人生问题，突然闯进了作者的生活。当我的故事与他人的故事相遇时，为了理解无法理解的一切，此时所需要的即是同理心的技巧。作者就这样走进母亲的故事之中，通过科学怪人（Frankenstein）、切·格瓦拉等人，学习并想象着成为另外一个人会是何种心情。本书借助故事的力量，以卓越的技巧解释了不会凭空出现，但也绝非不可能的感情移入过程。

《一起，合作的仪式、乐趣和政治》，理查德·桑内特著。

Together : The Rituals, Pleasures and Politics of Cooperation，Richard Sennett

在一味追求家庭与集体利益的竞争社会中，要如何克服差异进而实现合作？先前我觉得合作是一种知易行难的价值，但阅读此书后，反倒开始认为合作是一种"实用技术"。就像大家共同完成一项工作，为此付出努力并仔细聆听彼此一样。一言以蔽之，与他人好好沟通，并且建立松散联结的技术即是合作。这种努力和技术能使我们共同生活下去。举例来说，比起"我能感受到你的痛苦"，"我正在关注你感受到的痛苦"更能开启合作的大门。这是因为，前者通过感同身受来消除差异，属于"自我的扩大"，而后者则意味着"走向在我之外的你"，是一种更为实际的行动。

图书在版编目（CIP）数据

异常的正常家庭 /（韩）金熹暻 著；章科佳 译 . — 北京：东方出版社，2020.11
ISBN 978-7-5207-1700-7

Ⅰ.①异…　Ⅱ.①金…②章…　Ⅲ.①家庭问题—研究　Ⅳ.① C913.11

中国版本图书馆 CIP 数据核字（2020）第 185912 号

本书中文简体字版权由锐拓传媒代理
中文简体字版专有权属东方出版社
著作权合同登记号 图字：01-2020-4946号

异常的正常家庭
（ YICHANG DE ZHENGCHANG JIATING ）

作　　者：[韩]金熹暻
译　　者：章科佳
责任编辑：吴晓月
出　　版：东方出版社
发　　行：人民东方出版传媒有限公司
地　　址：北京市朝阳区西坝河北里 51 号
邮　　编：100028
印　　刷：北京市大兴县新魏印刷厂
版　　次：2020 年 11 月第 1 版
印　　次：2020 年 11 月第 1 次印刷
开　　本：880 毫米 ×1230 毫米　1/32
印　　张：9
字　　数：116 千字
书　　号：ISBN 978-7-5207-1700-7
定　　价：45.00 元
发行电话：（010）85924663　85924644　85924641